重庆综合经济研究文库
分析宏观形势 · 预测区域发展 · 提供决策服务 · 建设一流智库

成渝地区双城经济圈要素市场一体化研究

易小光
丁　瑶　等著
邓兰燕

中国经济出版社
CHINA ECONOMIC PUBLISHING HOUSE
北　京

图书在版编目（CIP）数据

成渝地区双城经济圈要素市场一体化研究 / 易小光等著. --北京：中国经济出版社，2021.8

ISBN 978-7-5136-6583-4

Ⅰ. ①成… Ⅱ. ①易… Ⅲ. ①区域经济一体化-研究-成都、重庆 Ⅳ. ①F127.711 ②F127.719

中国版本图书馆 CIP 数据核字（2021）第 165802 号

策划编辑 姜 静
责任编辑 郑 潇
责任印制 马小宾
封面设计 久品轩

出版发行 中国经济出版社
印 刷 者 北京中石油彩色印刷有限责任公司
经 销 者 各地新华书店
开　　本 710mm×1000mm 1/16
印　　张 10.25
字　　数 150 千字
版　　次 2021 年 8 月第 1 版
印　　次 2021 年 8 月第 1 次
定　　价 78.00 元
广告经营许可证 京西工商广字第 8179 号

中国经济出版社 **网址** www.economyph.com **社址** 北京市东城区安定门外大街 58 号 **邮编** 100011
本版图书如存在印装质量问题，请与本社销售中心联系调换（联系电话：010-57512564）

课题组成员

课题组组长

易小光　重庆市综合经济研究院院长、研究员

课题组副组长

丁　瑶　重庆市综合经济研究院总经济师、研究员

邓兰燕　重庆市综合经济研究院科研管理处处长、研究员

课题组技术负责人

张　佳　财税金融与投资研究室主任、副研究员

课题组成员

张　超　经济形势分析预测研究室主任、助理研究员

罗宇航　信息化与科技发展研究室主任、副研究员

邹於娟　农村发展研究室主任、副研究员

邓吉敏　农村发展研究室副主任、高级经济师

施小兰　经济形势分析预测研究室副主任、助理研究员

邱　静　GIS 经济空间规划研究与应用实验室工程师

前 言

要素市场一体化是实施区域协调发展战略的重要内容，对促进生产效率提升具有基础性作用，其旨在打破地域分割，通过促进生产要素跨区域充分流动与融合，来实现要素的统筹、优化和高效配置，促进区域一体化发展。2020年4月，中共中央、国务院印发《关于构建更加完善的要素市场化配置体制机制的意见》，对推进要素市场化配置改革进行了总体部署，明确在土地、劳动力、资本、技术、数据五个要素领域，破除阻碍要素自由流动的体制机制障碍，扩大要素市场化配置范围，健全要素市场体系，推进要素市场制度建设，最终实现要素价格市场决定、流动自主有序、配置高效公平，推动经济发展质量变革、效率变革、动力变革。

2020年初，习近平总书记亲自研究、亲自谋划、亲自部署大力推进成渝地区双城经济圈建设的重大战略，提出成渝地区要牢固树立“一盘棋”思想和一体化发展理念，健全合作机制，打造区域协作的高水平样板。如何尊重客观规律、发挥比较优势，以要素市场一体化促进区域一体化，以要素市场化配置促进资源要素在区域间自由流动，正是推动成渝地区双城经济圈建设的关键所在，也是本书研究的重要出发点和落脚点。

本书从要素市场一体化相关理论出发，深入剖析成渝地区土地、劳动力、资本、技术、数据要素市场发展的基本现状及存在问题，充分对接国家要素市场一体化政策导向，提出以加快完善要素一体化规划、搭建要素交易平台、健全要素市场化机制、畅通要素流动渠道、培育统一开放市场为重点，全面深化改革，破除阻碍要素自由流动的体制机制障碍，深入推动要素市场一体化建设的总体思路和目标的实现，希冀为成渝地区双城经济圈加快要素一体化配置、加快区域一体协同发展提供有益借鉴。

课题组

2021 年 8 月

目　录

总报告

成渝地区双城经济圈要素市场一体化研究

要素配置市场化程度是区域市场化程度的重要标准，2020 年 4 月，中共中央、国务院印发《关于构建更加完善的要素市场化配置体制机制的意见》，首次对推进要素市场化配置改革进行了总体部署，提出要针对市场决定要素配置范围有限、要素流动存在体制机制障碍等问题，根据不同要素属性、市场化程度差异和经济社会发展需要，分类完善要素市场化配置体制机制，促进要素自主有序流动。当前成渝地区双城经济圈建设已上升为国家战略，要以习近平总书记重要指示要求为根本遵循和行动指南，尊重客观规律，发挥比较优势，推进成渝地区统筹发展，促进产业、人口及各类生产要素合理流动和高效集聚。要素自由流动离不开区域间要素市场的一体化协同发展，以要素市场一体化促进区域一体化，以要素市场化配置促进资源要素在区域间自由流动，这是推动成渝地区双城经济圈建设的关键所在。

一、要素市场一体化的相关理论基础

（一）要素市场的内涵

资金、土地、劳动力、技术、数据等要素资源是一个地区或一个国家经济发展的重要支撑，要素商品化、社会化形成要素市场，旨在为市场主体搭建起一个优化配置要素资源的市场化平台。具体来看，要素市场与产品市场相对应，又称为生产要素市场，是指要素作为商品所进行的一切交换和买卖活动，以及用商品交易方式把生产要素的需求和供给联系起来的一种经济关系服务平台，是发挥市场在资源配置中的决定性作用的必要条件。按照交易属性进行划分，要素市场主要分为大宗商品交易市场和权益交易市场两大类，其中，大宗商品交易市场以具体商品为交易对象，包括现货和期货交易市场；权益交易市场以权属或权益为交易对象，如技术市场、信息数据市场、土地市场、股权和债权、劳动力市场等，两类要素市场均具有可平台化的共性特点。

要素市场一体化，即将相互分割的地方要素市场，通过制度协同、标准统一、信息共享、市场开放、监管一体来构建统一的区域共同市场。要素市场一体化是实施区域协调发展战略的重要内容，对促进生产效率提升具有基础性作用，其旨在打破地域分割，通过促进生产要素跨区域充分流动与融合，来实现要素的统筹、优化和高效配置，提升要素配置效率，最终促进区域一体化发展。

（二）要素市场的特征

近年来，随着经济转型升级不断推进，要素市场重要性不断凸显，对要素需求更加多元化，促进了各类要素市场快速发展，高质量发展对要素配置效率也提出了更高要求。研究认为，要素市场具有以下主要特征。

1. 价格发现功能

价格发现（Price Discovery）① 是指买卖双方在给定的时间和地方对一种商品的质量和数量通过广泛、反复、集聚的交易达成合理交易价格的过程。要素交易在公开市场进行操作，通过竞争性交易机制，形成权威的要素价格参照标杆，为交易各方提供交易参考。一是市场交易参与者众多，买家和卖家通过公平竞争，反映市场供需情况、要素稀缺程度，形成代表要素真实价值的市场价格。二是要素市场参与者都是理性的，具有丰富的知识和经验，能够对要素市场价格走势作出准确的判断，在预期价格基础上开展交易。

2. 优化资源配置作用

资源配置是指根据社会需求，组织资本、劳动力等生产要素，以便用最少的资源耗费，生产出最适用的商品和劳务，获取最佳的效益，是经济效率的重要保障。一是发挥市场机制资源配置作用。破除市场壁垒和体制性障碍，厘清政府和市场的边界，减少政府对生产要素的直接配置和行政干预，发挥市场在资源要素配置中的决定性作用，推动经济发展方式切实转变。二是实现资源利用效率最大化。按照市场价格、市场竞争、市场规则配置要素资源，调整要素配置结构，将优质要素资源配置到最紧缺的地方，提高要素配置效率，释放要素的社会价值效用，增强经济运行效率。

---

① Schroeder 等（1997）提出价格发现（Price Discovery）概念。

3. 标准化产品或合约

与商品市场一样，开展要素市场交易，必须具有可供交易的标准化产品或具有标准化的合约，才能为市场交易双方所认可，最终达成交易目标。一是形成完善的市场交易规则秩序。要素市场开展交易必须要形成一套完整的交易规则、交易流程，交易标的物为标准化产品或合约，产品标准和交易制度设计为交易双方均认可、熟知，不同要素市场根据交易需要设计不同标准化产品或标准化合约。二是双方按照标准化产品及合约开展交易。交易双方根据交易需求、市场价格，开展标准化的产品或合约交易，不需要再对相关产品进行鉴定和甄别，快速达成交易，最大限度地减少交易成本，提升交易效率。

4. 交易公开透明

要素市场交易公开透明，能够较好地反映市场要素稀缺程度及供求关系，发挥要素市场价格机制调节供需平衡作用。一是交易的公平性。所有市场参与者在统一的市场规则下开展交易，要素市场参与者熟知相关市场规则、交易流程，交易环境公平有序。二是交易的透明性。要素市场交易参与者在线上非接触开展交易，交易双方达成交易具有随机性，但交易信息、交易结果对外公开，避免发生权力寻租，滋生腐败、垄断等现象。

（三）要素市场形成的条件

我国要素市场形成条件是与经济体制改革实践紧密联系在一起的。经过40多年的改革实践，我国要素市场从无到有、从小到大，不断深化对要素市场形成条件的理论与实践认识（表1－1）。

表1－1　我国对要素市场形成条件的理论与实践认识

时间	相关认识	要素市场形成条件
1991年	吴敬琏、刘吉瑞的《论竞争性市场体制》指出，在社会主义的市场经济体制下，包括资本、土地、劳动力等要素市场在内的竞争性市场的价格参数，发挥调配资源和协调国民经济活动的基本功能	三个关键领域：一是要有市场经济制度和理念；二是要素要具有竞争性的价格作用；三是要素市场要与国民经济基本面相协调

续表

时间	相关认识	要素市场形成条件
1993 年	《中共中央关于建立社会主义市场经济体制若干问题的决定》对培育和发展要素金融、劳动力、房地产、技术和信息市场提出五个要求：发挥市场机制在资源配置中的基础性作用；建立主要由市场形成价格的机制；根据商品流通需要，进一步发展商品市场；发展市场中介组织，发挥其服务、沟通、公证、监督作用；改善和加强对市场的管理和监督	培育和发展要素市场的四个关键条件：一是市场价格机制；二是要素要成为商品；三是市场中介服务；四是规范的市场秩序
2003 年	《中共中央关于完善社会主义市场经济体制若干问题的决定》对大力发展资本市场，加快发展土地、技术、劳动力等要素市场时指出，规范市场经济秩序的治本之策是建立健全以道德为支撑、产权为基础、法律为保障的社会信用制度	大力发展要素市场增加了明确产权、社会信用等“治本”的重要条件，进一步明确各种要素在全国范围自由流动和充分竞争、打破行业垄断和地区封锁、发展独立公正、规范运作的专业化市场中介服务机构、完善市场监管体系等条件
2017 年以来	《中共中央关于坚持和完善中国特色社会主义制度　推进国家治理体系和治理能力现代化若干重大问题的决定》（2019 年）对加快完善社会主义市场经济体制指出：推进要素市场制度建设，实现要素价格市场决定、流动自主有序、配置高效公平	要素市场制度建设集中在四个关键领域：一是要建立统一有序的市场体系；二是要充分发挥市场价格机制；三是要素流动要规范；四是配置要兼顾效率与公平
	《中共中央　国务院关于构建更加完善的要素市场化配置体制机制的意见》（2020 年）对完善要素市场化配置指出：扩大要素市场化配置范围，健全要素市场体系，推进要素市场制度建设，实现要素价格市场决定、流动自主有序、配置高效公平，为建设高标准市场体系、推动高质量发展、建设现代化经济体系打下坚实制度基础	
	《中共中央　国务院关于新时代加快完善社会主义市场经济体制的意见》（2020 年）对要素市场化改革指出，加快建设统一开放、竞争有序的市场体系，推进要素市场制度建设，实现要素价格市场决定、流动自主有序、配置高效公平	

资料来源：课题组收集整理。

从实践来看，我国要素市场形成的主要条件由中国特色社会主义经济制度基础、统一开放的市场体系、非行政扭曲的市场价格机制、规范的市场秩序、高效公平的配置方式等构成。第一，中国特色社会主义经济制度是要素市场形成的制度基础。由于我国的要素市场是以公有制为主体、多种所有制共同发展的性质，所以，我国的要素市场主要有国有独资、国有控股、国有参股、混合制、民营等多种形式，要体现国家利益和国家战略的意志。第二，统一开放的市场体系是要素市场形成的必要条件。我国的要素市场体系不是分割、独立、封闭的市场，而是统筹发展、统一部署、有序开放的市场。第三，非行政扭曲的市场价格机制是要素市场发挥市场机制的重要前提条件。我国的要素市场需要破除区域行政垄断和行业垄断，充分发挥市场机制的价格调节作用，促进要素配置效率提升。第四，规范的市场秩序是要素市场有序运行的重要保障。我国的要素市场是法治化治理和社会信用的重要领域，通过一系列的制度安排，明确要素产权归属，让要素成为商品，发挥中介服务的作用，进而通过市场开展合规合法交易，促进要素无障碍流动。第五，高效公平的配置方式是要素市场有效配置各种资源的重要标志。我国的要素市场既要有充分的效率，又要兼顾公平分配。高效率可以通过市场引导各类要素资源向国家战略领域聚集。公平使得要素市场的参与主体以劳动价值为基础，得到合理的报酬激励。

（四）要素市场一体化的关键环节

推动要素市场一体化，做好统筹规划是前提。健全要素市场化机制是制度保障和活力源泉，畅通交通、通信等要素流通渠道为构建区域要素市场一体化提供通道支撑。

1. 建立完善要素市场一体化规划

统一规划是实现要素市场一体化的先决条件。推动城市间要素市场一体化首先要前瞻性构建要素市场一体化规划，建立要素市场化配置和要素市场一体化的统一规则与体系，方能有章可循。一方面，要前瞻性探索设立跨区域要素市场一体化规划，提高要素市场化配置和要素市场一体化政策规划统一性、规则一致性和执行协同性。建立要素市场统一管理制度，加强各地标准领域合作，推进标准互认，按照建设全国统一大市场要求，探索建立区域一体化标准体系。另一方面，要协同建立区域要素市场一体化联合组织，负责区域统一标准的立项、发布、实施、评价和监督。推进地区间标准互认和采信，实现区域内重点标准目录、具体标准制定、标准实施监管等方面协同，建立层次分明、结构合理的区域要素市场一体化标准体系。

2. 健全要素市场化机制

要素市场一体化是市场与政府双重力量作用的过程，两者缺一不可，政府在推动要素市场一体化过程中需要发挥引导作用，让市场积极参与进来，健全要素市场化机制。政府只顾眼前利益、自身利益而推行地方保护、设置贸易壁垒，会阻碍产品和要素自由流通；政府间交流与合作、形成政策协调机制和利益共享机制，则会为区域内产品和要素自由流动以及专业化分工与合作提供政策引导和保障。因此，要素市场一体化在运行层面亟须建立健全要素市场跨区域合作机制、成本共担利益共享机制和风险处理机制，推动市场构建跨区域要素交易平台，培育统一的要素开放市场，建立统一的信息发布和披露制度，形成有利于生产要素自由流动和高效配置的良好环境，以实现要素跨区域顺畅流动和交易。

3. 畅通要素流动渠道

城市间交通、通信等联系网络是要素市场一体化过程的渠道和载体。城市间空间联系网络的密度和运输能力决定城市间联系度的强弱，城市间联系的强弱进一步影响城市群要素市场一体化水平。要素市场一体化的终极目标是形成统一的要素市场，促进要素在区域内自由流动、实现资源合理配置以及充分发挥城市比较优势、形成专业化分工，这些目标的实现都要以覆盖城市群内部各级城镇和农村的综合性交通网络和通信网络为载体。城市间联系网主要由交通网络和通信网络构成，在市场机制的作用下，根据各地区比较优势，本着效用最大化原则，劳动力等要素可以依托陆路、水路、航空等各级货运客运网络实现区域间转移，技术、信息等生产要素可以依托发达的城市间通信网络实现区域间共享。

二、成渝地区双城经济圈要素市场发展的基本现状

（一）土地要素市场

1. 城乡土地要素平台加快建设

成渝地区积极建设完善城乡土地要素市场体系，为促进成渝地区双城经济圈要素自由流动奠定了良好的基础。一是基本构建综合性的农村产权交易市场体系。成都依托农村产权交易所，构建“1+4”农村产权交易体系。重庆依托农村土地交易所和农村产权流转交易监督管理委员会，基本形成市、区（县）两级农村产权流转交易平台框架，并开发了全市农村产权流转交易管理系统，制定运行规范和服务标准。截至2019年底，累计成交农村产权42.84万亩①、23.98亿元，抵押融资2.4万亩、1.24亿元。成渝地区土地要素市场培育情况见表1-2。

表1-2　成渝地区土地要素市场培育情况

类别	重庆	成都
综合类	重庆农村土地交易所	成都农村产权交易所（交易所下设4个子公司，即龙泉驿、德阳、眉山、资阳农村产权交易有限公司）
专业类	重庆涪陵林权交易所	

二是土地要素市场化配置效率进一步提高。成渝地区积极开展国有建设用地使用权转让、出租、抵押二级市场改革试点。四川成立完善建设用地使用权转让、出租、抵押二级市场试点工作协调小组，重庆基本形成产权明晰、市场定价、信息集聚、交易安全的土地二级市场。三是建立集体经营性土地

① 1亩≈666.67平方米。

收益分配机制。从大足区、郫都区、泸县3个国家集体经营性建设用地改革试点看，大足区通过建立城乡统一的基准地价体系、完善入市交易程序和交易平台，健全集体经营性建设用地入市市场交易规则和服务监管制度；通过制定土地增值收益调节金征收办法，探索出“三分两不分”的入市土地增值收益分配原则，建立兼顾国家、集体、个人的收益分配机制。郫都区创新推出的农村集体经营性建设用地入市交易收益“二八”比例分配规则，在国内普遍被采用。泸县田坝村依托村集体资产经营管理股份公司，建立1∶2∶2∶5的收益分配标准，既促进了当地经济社会发展，又提高了农民的财产性收入（表1-3）。

表1-3　成渝地区集体经营性建设用地收益分配机制

区（县）	收益分配机制	主要内容
大足区	“三分两不分”分配机制	“三分”是指拥有该集体经济组织农业户籍的人员分1/3，拥有该集体经济组织的第二轮土地承包地的人员分1/3，长期生活在该农村集体经济组织内的人员分1/3，占2项的分2/3，三项都占全额分配。 “两不分”是指已征地农转非购买社保的人员不参加分配、空挂户人员不参加分配
郫都区	“二八”比例分配规则	将土地净收益的20%用于集体成员现金分红，80%作为村集体公积金、公益金等，用于村里基础设施改造提升和农民旧房改造。此外，郫都区率先提出并实施了从13%~40%差别化分类定级的收取办法。此办法与其他试点地相比更具灵活性和科学性，原国土资源部和财政部据此于2016年联合下发了全国性指导意见
泸县	田坝村1∶2∶2∶5分配标准	将10%的收益用于公司员工收入和奖励有功人员；20%的收益用于田坝村基础设施建设等公共服务，如道路、土地整治、水利设施、环境卫生、社会保障等；20%的收益用于村民分红，通过转账打卡方式支付给股民；50%的收益用于公司年度发展基金，如土地流转费、项目资金入股、成立公司内部服务实体机构、成立劳动服务部，提供农村民风民俗服务、种植养殖业服务等

2. 城乡土地要素流动多元化

成渝地区在坚守国家法律法规和土地管理政策体系的前提下，以耕地占补平衡制度和城乡建设用地增减挂钩制度为制度基础，通过地票改革、农村闲置土地盘活、城镇低效用地再开发等多种途径，推进土地指标城乡有偿统筹配置，扩大盘活了土地利用空间，提升了土地利用效率。

一是地票制度改革不断深化。2008 年以来，重庆探索并持续完善了独具特色的地票制度。从 2018 年开始，进一步拓展地票功能，允许复垦为宜林地形成“生态地票”。据统计，截至 2019 年底，累计交易地票 31.2 万亩、610.8 亿元，交易生态地票 4075 亩、亩均价格 19 万元左右，入选全国“改革开放 40 年地方改革创新 40 案例”。

二是城镇低效用地再开发促进城镇建设用地有效供给增加。成渝地区稳步推进城镇低效工业用地再开发试点，助推土地集约利用水平明显提高。重庆印发了城镇低效用地调查摸底及标图建库工作方案，主城区已完成城镇低效用地调查摸底和标图建库；利用城市边角地、插花地、夹心地等低效用地，建成社区体育文化公园 50 个，助推城市品质提升，被自然资源部纳入城镇低效用地再开发典型案例向全国推广。四川成都等 7 个市（县）通过工业用地探索弹性年期出让低效、存量工业用地退出机制改革，引导和规范市场主体积极参与低效工业用地再开发利用，土地利用效率进一步提高。

三是农村闲置土地资源盘活形式多样。重庆探索发展“共建共享、以房联营、以地入股、文旅融合、网络营销”模式的巴渝民宿，盘活了农村闲置土地房屋，促进了农房增值、农业增效、农民增收。据统计，截至 2019 年底，城口、巫溪、彭水、酉阳、石柱 5 个区（县）建成 7 个扶贫民宿示范点，累计接待游客 8.94 万人次，经营收入 609.27 万元，联营贫困户年均增收 4.8 万元。四川依托美丽乡村建设和乡村环境整治，积极探索以共享民宿为代表的“乡村共享创新”模式，先后创建了彭州市宝山村、蒲江县明月村、阿坝州桃坪羌寨等一批民宿产业发展先进村，为当地农村第一、第二、第三产业融合发展开辟了新的路径，成为乡村振兴的示范样板。

专栏1-1　重庆以巴渝民宿盘活农村闲置房屋

重庆市以巴渝民宿为载体，唤醒沉睡的乡村资源、要素和主体，盘活农村闲置土地房屋资源，作为国务院扶贫办和自然资源部典型经验推介，社会效应日益扩大。其主要做法如下。

一、创新发展模式，实现利益联结

一是共建共享。示范项目农房改造建设费用由民宿公司和贫困户共同承担，其中贫困户以扶贫搬迁、农房整宗地收储等财政性补助款和自筹资金量化投入，收益向贫困户倾斜。二是以房联营。在保障农户自住和尊重意愿的前提下，民宿公司、农户将原址改造多出的住房用于民宿，按照统一标准、规范共同经营、管理和维护，房费收入分配联营农户占80%。三是以地入股。示范点村社集体经济组织出地，民宿公司出资，共同组建项目公司，通过就业带动、保底分红、股份合作等多种形式，促进资源变资产、资金变股金、农民变股东，保障贫困户更多分享民宿增值收益。

二、推进市场运营，引导产业扶贫

一是实现文旅融合。巴渝民宿建设营销中，充分挖掘渝东北山水峡谷乡村景观资源和渝东南民俗文化资源，保持当地自身特色和历史建筑风貌，投资打造特色民宿村落，吸引游客体验观光，实现“文化+旅游”深度融合发展。二是利用网络营销。通过巴渝民宿门户网站、APP、微信公众服务号、微博等构成多维度“互联网+民宿”网络营销宣传体系，实现互联网营销、在线结算和信用管理，带动全市品质乡村民宿上线营销。三是汇聚社会力量。积极引导工商资本投身扶贫民宿，落实扶持政策，明确政策边界，切实保护贫困群众利益和工商资本积极性。2020年以来，民宿公司携手龙湖、金科、恒大等知名企业，在城口沿河、开州大进、巫山建坪、巫溪红池坝等深度贫困乡镇打造民宿项目，使以往闲置低效的乡村资源得到进一步整合。

三、增强"造血"功能，促进生态扶贫

一是助推贫困群众增收。民宿旅游模式进一步增强深度贫困地区的人口吸附功能，转变高寒山区旅游淡季的传统概念，增进贫困户依靠自身力量脱贫致富的信心。运营已成熟的城口亢谷项目，累计接待游客8800余人次，客房收入43.01万元，餐饮及农特产品收入约54.26万元，4户贫困户年均毛收入达到16万元，增收效果明显。二是促进自然资源增值。在巴渝民宿建设过程中，将各项政策支持、扶持项目与乡村产业发展统筹联动，将民宿发展与农村土地整治、矿山环境恢复治理等项目有机结合，有效促进农村土地房屋的增值和农业产业链的延伸。三是推动乡村文化传承。巴渝民宿建设中，尊重传统建筑风格和生活习惯，设置火塘、读书室、走马转角楼等富有地域文化特征的元素，进一步丰富乡村旅游产品供给，提升乡村民宿品质，切实增强乡土文化的生命力。

3. 土地要素管理体系不断完善

新修订的《中国人民共和国土地管理法》为集体经营性建设用地入市、农村土地征收制度改革、农村宅基地制度完善提供了法律依据，更好地保护了农民的权益。成渝地区在土地管理制度方面也作了积极探索，形成了更加灵活的土地要素管理体系，为《中华人民共和国土地管理法》修订提供了样本、经验和理论支撑。一是土地出让管理进一步加强。分别出台《四川省关于进一步加强土地出让管理规定》的实施意见、《成都市郫都区建设用地使用权转让、出租、抵押管理办法（试行）》、《重庆市国有建设用地使用权转让管理实施办法》、《重庆市国有建设用地使用权出让网上交易规程（试行）》等，推进国有土地有偿使用制度改革，进一步规范土地出让行为，健全土地出让管理长效机制。二是土地利用规划不断完善。成渝地区在新型城镇化、乡村振兴等战略引导下，探索推进土地利用调查与监测、土地利用变化、土地利用评价、土地利用规划及土地利用管理等，四川调整完善所辖各级土地利用总体规划，重庆修订完成土地利用总体规划、研究编制国土空间总体规划，进一步理顺发展格局，推动省（市）域国土空间“一张蓝图”，优化土地资源布局和供给，盘活存量用地，提升城市发展建设核心竞争力。三是土地改革试点统筹推进。成渝地区依托大足区、郫都区、泸县3个国家“三块地”改革试点区（县），有序推进农村“三块地”改革，形成完善的土地改革制度体系。大足区形成了“1+7+8”的规范性文件和技术规范等集体经营土地入市政策体系，探索建立农村宅基地“三权分置”改革试点实施方案及3个配套实施办法，形成“依法公平取得、节约集约使用、自愿有偿退出”的农村宅基地制度；郫都区印发28个农村土地制度改革配套文件，构建起一整套较完备的规则体系；泸县研究制定了土地征收管理办法、征收目录、风险评估办法、争议调处办法等配套办法。

（二）劳动力要素市场

1. 落户政策方面重庆相对成都门槛更低

成渝两地根据各自人口流动情况，目前执行不同的户籍政策，落户条件差异明显。一是重庆实施五大落户途径、“宽门槛”落户政策。根据2016年7月25日发布的《重庆市户口迁移登记实施办法》，重庆的落户途径包括务工经商、直系亲属投靠、人才、学生和其他户口迁移，落户政策整体比较宽松。同时，所有人才落户均不受在渝务工、就业年限和缴纳社保年限的限制，甚至没有年龄限制。高层次人才和受到省（部）级以上表彰奖励的人才，甚至不受是否已在渝就业的限制。二是成都实施条件入户与积分入户双轨并行的户籍政策体系。近年来，成都先后出台《成都市人民政府关于推进户籍制度改革的实施意见》《成都市居住证积分入户管理办法（试行）》《成都市户籍迁入登记管理办法（试行）》，于2018年1月1日起，正式实施条件和积分入户双轨并行的户籍政策制度，重点引入青年人才、高层次人才，优化提升成都劳动力结构层级。成渝两地落户政策对比情况见表1-4。

表 1-4　成渝两地落户政策对比情况

重庆落户五大主要途径	成都实施双轨并行落户制度
·务工经商落户，只要一人符合条件，可以帮助共同居住生活的配偶、未成年子女、年老父母（男性年满 60 周岁、女性年满 55 周岁）申请登记常住户口。 ·直系亲属投靠。 ·人才落户，即重庆引进的专家、学者、留学回国人员以及在重庆就业的专科或初级专业技术职称以上人员；受到省（部）级以上表彰的先进个人、劳动模范；受到重庆各级人民政府表彰并获得优秀称号的农民工。 ·学生落户，应届专科以上和本市中等职业学校、技工学校毕业生只要选择在渝就业就可以申请落户。 ·其他户口迁移，除了购房落户和机关事业单位调动，还包含了随军军人家属经部队师（旅）级以上单位政治机关批准可申请落户，以及因高山生态扶贫、地质灾害避险、水利建设等搬迁安置的本市籍居民和在户口所在区、县（自治县）城镇地区拥有合法稳定住所的本市籍居民	·条件入户制度，规定符合成都市人才引进条件之一的人员可以申请将户口迁入本市，包括全日制普通大学本科及以上学历毕业生，年龄在 45 周岁及以下的；在国（境）外取得本科及以上学历的人员，经教育部留学服务中心认证，年龄在 45 周岁及以下的；在本市同一用人单位工作两年及以上的技能人才，经单位推荐，人力资源和社会保障部门认定的；取得“蓉城人才绿卡”的人员。 ·积分落户制度，以合法稳定就业和合法稳定住所（含租赁）、参加城镇社会保险年限、连续居住年限等为主要指标

2. 劳动力数量增长成都快于重庆

尽管近年来成渝两地常住人口保持较好增势，但从适龄劳动人口和就业人口数据来看，重庆劳动力总量出现微降，值得高度关注。一是成渝两地年末常住人口均保持稳步增长。2018 年，重庆、成都年末常住人口分别为 3101.8 万人、1633 万人，分别同比增长 0.9%、1.8%。从近五年数据来看，重庆、成都年末常住人口逐年增加，但总体而言重庆增幅比成都略小。二是重庆 2017 年迎来劳动力增长拐点。重庆于 2017 年结束了长期以来的劳动人口增长，近三年适龄劳动人口（15~64 岁）和从业人口均小幅下降，老龄化加剧。且随着新兴业态兴起，正规就业总量轻微下降。成都从业人口增速也在下降，但仍保持增长。2018 年，重庆、成都从业人口分别为 1709.5 万人、895 万人。成渝两地劳动力数量和增速对比情况见表 1-5。

表 1－5 成渝两地劳动力数量和增速对比情况

人口	区域	2014 年	2015 年	2016 年	2017 年	2018 年
总人口	重庆绝对额（万人）	2991.4	3016.6	3048.4	3075.2	3101.8
	重庆增速（%）	—	0.8	1.1	0.9	0.9
	成都绝对额（万人）	1442.8	1465.8	1591.8	1604.5	1633.0
	成都增速（%）	—	1.6	8.6	0.8	1.8
适龄劳动人口（15～64 岁）	重庆绝对额（万人）	2140.6	2152.0	2161.6	2149.8	2135.0
	重庆增速（%）	—	0.5	0.4	－0.5	－0.7
	成都绝对额（万人）	—	—	—	—	—
	成都增速（%）	—	—	—	—	—
从业人口	重庆绝对额（万人）	1696.9	1707.4	1717.5	1714.6	1709.5
	重庆增速（%）	—	0.6	0.6	－0.2	－0.3
	成都绝对额（万人）	824.4	827.9	879.0	892.7	895.0
	成都增速（%）	—	0.4	6.2	1.6	0.3

注：表中数据均来自重庆、四川历年统计年鉴，但四川没有人口年龄结构数据。

3. 人力资源市场制度和平台逐步完善

在人力资源和社会保障部的指导下，成渝两地均搭建了相应的人力资源市场园区平台，管理政策制度和双方合作机制也在不断完善。一是两地人力资源服务产业园建设稳步推进。重庆（渝北空港国际新城）与四川（成都人力资源服务产业园）均建有国家级人力资源服务产业园。省级产业园尚在布局完善中，四川计划在川渝结合部的泸州、内江、达州、绵阳及乐山等地建立省级人力资源服务产业园；重庆计划到 2022 年，在渝西、渝东北、渝东南和主城区建成 5 家市级人力资源服务产业园。二是两地人力资源服务机构管理政策大致相同、略有差异。重庆、四川均全面实施了职业中介许可和其他人力资源服务备案制度。许可范围基本相同，包括劳动者推荐、信息服务、招聘会组织、网络招聘、高级人才寻访等。许可条件和许可时限略有差异（表 1－6），尚未实现人力资源市场许可结果互认。三是人力资源服务交流合作机制已初步建立。目前重庆和四川在人力资源服务博览会、交易会、人力资源服务创新创业大赛、产业园联盟成员交流互访等方面均建立了良好的合作机制。尤其是2020年初中央宣布加快建设成渝地区双城经济圈战略部署后，两地各层级的人力资源服务交流合作明显增多。

表1-6 川渝两地人力资源行政许可条款异同

条款	重庆	四川
职业资质认定范围	重庆市认可的职业资质包括人力资源管理师和重庆市人才研究和人力资源服务协会发放的“重庆市人才中介服务执业资格证书”	四川省认可的职业资质包括人力资源管理师和四川省人力资源服务协会发放的“四川省人力资源服务从业培训证书”
经营场所面积要求	固定场所使用面积的标准统一为不少于50平方米	对固定场所使用面积没有做统一规定，由各市州结合本地实际制定相关标准（30~80平方米）
职业资质许可时限	市规定各区、县（自治县）人力社保局应当自受理之日起10个工作日内作出是否准予行政许可的决定	四川省规定市（州）、县（市、区）人力资源社会保障行政部门应当自受理之日起20日内作出是否准予行政许可的决定

4. 失业和培训管理制度体系均已建立

稳就业是“六稳”工作的重中之重，近年来从中央到地方，不断强化稳就业举措，失业登记管理和就业培训制度逐步完善。一是失业登记制度按国家要求建立且两地互认。就业失业登记是国家确立的基本就业制度，是掌握劳动者就业与失业状况的重要手段，是提供公共就业服务、落实就业扶持政策的基础工作。“就业失业登记证”中的记载信息在全国范围内有效，劳动者可凭“就业失业登记证”跨地区享受国家统一规定的相关就业扶持政策。成渝两地均按照人力资源和社会保障部统一要求执行。二是重庆就业培训对象范围较成都的更广泛。重庆方面，职业技能培训、创业培训、企业职工技能提升培训和转岗转业培训对象均无户籍限制，职业培训机构组织四川籍符合条件的人员开展上述职业培训的，也可按规定享受职业培训补贴。四川方面，《四川省职业技能提升行动实施方案（2019—2021年）》指出，“大力开展重点群体就业技能培训和创业培训，对毕业年度高校毕业生和四川省内普通高校全日制非毕业年度在校大学生、下岗失业人员、退役军人，根据其意愿开展就业技能培训”。

（三）资本要素市场

近年来，成渝地区积极构建多层次资本要素市场，目前成渝地区内有资本要素市场 29 家，金融资产类、权益类、大宗商品类等要素市场分别为 4 家、12 家和 13 家，交易所资产总额超过 220 亿元。其中，重庆要素市场总计有 12 万多户交易客户，累计交易总额达到 7.57 万亿元；成都要素市场有约 4000 个会员、7 万个投资者，成渝资本市场服务实体经济、促进区域经济发展作用日益突出。成渝地区资本要素市场情况见表 1－7。

表 1－7　成渝地区资本要素市场情况

类型	重庆要素市场	四川要素市场
金融资产类	重庆金融资产交易所有限责任公司 中保保险资产登记交易系统有限公司	四川金融资产交易所有限公司 成都金融资产交易中心股份有限公司（筹）
权益类	重庆联合产权交易所集团股份有限公司 重庆农村土地交易所 重庆科技要素交易中心有限公司 重庆文化产权交易中心有限责任公司 重庆涪陵林权交易所有限责任公司	成都农村产权交易所有限责任公司 西南联合产权交易所有限责任公司 成都文化产权交易所有限公司 四川联合环境交易所有限公司 成都托管中心有限责任公司 天府（四川）联合股权交易中心 成都知识产权交易中心有限公司
大宗商品类	重庆农畜产品交易所股份有限公司 重庆药品交易所股份有限公司 重庆汽摩交易所有限公司 重庆再生资源交易中心有限公司 重庆土特产品交易中心股份有限公司 重庆咖啡交易中心有限公司 重庆石油天然气交易中心有限公司 重庆航运交易所	天府商品交易所有限公司 四川联合酒类交易所股份有限公司 四川中国白酒产品交易中心有限公司 成都花木交易所有限责任公司 蒙顶山茶叶交易所有限责任公司

1. 金融资产类要素市场服务实体经济力度加大

成渝地区拥有金融类要素市场 4 家，其中重庆金融资产交易所、中保保险资产登记交易系统为全国性要素市场，金融要素市场在处置不良资产、服务实体经济方面取得积极成效。一是金融服务实体经济实现新突破。重庆金融资产交易所形成了登记小贷资产收益权产品、应收账款收益权产品、定向债务融资工具等三大类特色金融产品，通过发展直接债务融资市场，直接服务中小微企业。已累计为全国70家小贷公司融资提供便捷通道，间接服务全国超过8000家中小微企业、6万户个体工商户及农户。四川金融资产交易所有效推动困难企业的债务化解，综合应用金融工具盘活不良企业，支持实体经济稳健发展，为各类型制造业、服务业企业提供近1000亿元资金，解决了企业融资难题。二是金融风险防控业务创新深入开展。重庆金融资产交易所运用大数据、人工智能、云计算、区块链等核心科技，赋能"智慧财政"强化政府债务管理和风险防范，每年节省政府融资成本超过1亿元。成都依托四川金融资产交易所，立足业务特色精准开展资产流转、重组并购等金融创新，有机链接银行、资管公司、困难企业和投资机构为企业解困，帮助众多企业化解不良资产和经营危机。

2. 权益类要素市场促进经济转型升级贡献突出

成渝地区有权益类要素市场12家，其中重庆5家、成都7家。成渝权益类要素市场在推动区域供给侧结构性改革，加快经济转型升级方面发挥了重要作用。一是在区域国企混合所有制改革中发挥了重要桥梁作用。重庆联合产权交易所发挥在闲置资产盘活、不良资产处置等专业的优势，为推进国有企业改革发挥了重要作用。2019年，完成国有资产交易2619宗，实现交易额238.83亿元，交易量位居全国第四。西南联合产权交易所搭建了国有企业发展混合所有制经济项目发布平台、企业并购重组平台和不良资产交易平台，重点开展增资扩股、股权转让、抵押资产处置、不良债权处置、抵（偿）债资产处置等交易，服务国有企业超过300家，处置的法院诉讼资产、破产清算财产超过2000宗。2019年，中国第三支、中西部第一支国企改革ETF——四川国企改革ETF（交易型开放式指数基金）在深交所成功发行上市。二是对企业科技创新支持力度不断加大。重庆依托重庆股份转让中心（Chongqing

Share Transfer Center，OTC）在全国率先设立成长板、孵化板、科创板、青创板4个企业挂牌板块，对创新创业企业发展政策引导、金融支持力度不断加大，创新型企业发展环境不断优化。成都设立了科创板、科技金融板等金融要素市场板块，构建了10家科创板种子企业、30家科创板重点企业和100余家科创板基础培育企业的金字塔型三级企业资源库，为科技企业提供专业化、个性化的金融服务。三是推动经济绿色发展作用更加突出。重庆发挥土地交易所、林权交易所平台优势，通过“地票”交易制度创新实现土地“增减挂钩、先补后占”，推动土地资源的集约节约使用；发挥林权交易所等平台作用，支持开展生态产业化探索，推动绿色经济发展。成都绿色金融基础设施建设取得实质进展，绿色金融超市“绿蓉融”上线运行，同时积极开展碳排放权交易，推动走生态绿色可持续发展道路。

3. 大宗商品类要素市场扩供给、促发展作用明显

成渝地区有各类商品交易市场13家，其中12家专业交易市场、1家综合性交易市场，商品交易品种超过30个，较好地促进了区域经济发展。一是扩大市场供给优化资源配置成效显著。重庆利用农畜产品交易所、汽摩交易所两大平台资源，在全国创新性开展生猪、汽摩配件网上交易，对保障市场供给、优化产业要素配置等方面发挥了重要作用。成都利用天府商品交易所开展钢铁、化工、稀贵金属、农林、有色金属五大类26个品种商品交易，增强了区域生产资料供给配置能力。二是较好地带动了区域产业链发展。重庆在全国率先打造了再生资源、咖啡等交易所平台，成立全国第二家石油天然气交易中心，以再生资源、咖啡等要素市场为纽带，吸引了加工、贸易、金融、物流等上下游产业链集聚发展，要素平台对相关产业发展促进作用较突出。成都依托白酒、花木、茶叶等专业商品市场优势，积极开展白酒、花木、茶叶等特色优势商品交易，为优势特色产业发展提供了良好平台支撑。

（四）技术要素市场

成渝两地政府加快推进科技管理体制机制市场化改革，进一步优化提升

市场配置技术要素的效率，不断夯实国家区域技术市场发展基础，提升科技对经济增长的动力。

1. 全国第四大技术交易区域市场

在市场化改革的推动下，重庆市和四川省着力发挥国家级技术合作促进平台优势，大力推动技术交易市场发展，川渝技术交易市场成为全国第四大技术交易区域市场。根据科技部发布的2019年全国技术市场交易数据统计，重庆市和四川省技术合同交易额1366亿元，占全国的6.1%，是我国仅次于京津冀地区、长三角地区和粤港澳大湾区的技术交易区域市场，科技对经济增长的贡献率超过50%（表1-8和表1-9）。

表1-8　2019年全国四大区域技术交易市场交易额情况

区域	交易总额（亿元）	占全国比重（%）
京津冀地区	7000	31.3
长三角地区	4625	20.6
粤港澳大湾区	2123	9.5
成渝地区双城经济圈	1366	6.1

数据来源：科技部火炬高技术产业开发中心 http://www.chinatorch.gov.cn/kjb/hjdt/202003/dc4f95b6bcd94578a260ce46c961389d.shtml

表1-9　2019年重庆市和四川省技术交易规模情况

地区	技术合同交易额（亿元）	技术合同交易数量（个）	技术合同交易额全国排名	科技对经济增长贡献率（%）
重庆市	150	3822	—	50①
四川省	1216	13232	7	58②

积极推动技术交易市场基础性建设，主要呈现三个特点。一是高校、企业、科研人才等市场主体有一定规模效应。市场主体是技术市场最活跃的因

① 数据来源：重庆新闻联播《打造西部创新高地　重庆科技创新对经济增长贡献率超过50%》。https://v.youku.com/v_show/id_XNDM2MTQ0NTc4NA==.htmlhttps://v.youku.com/v_show/id_XNDM2MTQ0NTc4NA==.html.

② 数据来源：四川省人民政府网.2020年5月13日，http://www.sc.gov.cn/10462/10464/10465/10574/2020/5/13/dd9dea27c7974ef481d1b1571064199b.shtml.

素，也是区域科技创新和培育新经济新动能最根本因素。“十三五”期间，两地高新技术企业和科研人才等市场主体规模逐年增长，有力促进了市场交易活跃度，提升经济增长动力。2019 年重庆市和四川省科创主体规模情况见表 1－10。二是创新平台体系发展各具特色。创新平台体系是反映了技术交易市场的含金量。重庆以技术研发为重点，大力发展以重点实验室、工程技术研究中心和新型研发机构为支撑的创新平台体系。四川以技术转化为重点，大力发展以科技企业孵化器、大学科技园和众创空间为支撑的支持产业化发展。2019 年重庆市和四川省重要技术创新载体数量情况见表 1－11。三是基本形成企业主导的技术要素配置模式。据 2019 年相关数据显示，四川企业、政府属研究机构、高等学校 R&D 经费支出所占比重分别为 57.8%、32.4% 和 9.0%；重庆企业、政府属研究机构、高等学校 R&D 经费支出所占比重分别为 82.4%、5.2% 和 9.4%。

表 1－10　2019 年重庆市和四川省科创主体规模情况

地区	高校（所）	有效期内高新技术企业（家）	研发人员（万人）
重庆市	65	3141	13.2
四川省	126	5669	

表 1－11　2019 年重庆市和四川省重要技术创新载体数量情况

重庆市	重点实验室（个）		工程技术研究中心（个）		新型研发机构（个）	
	国家级	市级	国家级	市级	高端	其他
	10	172	10	354	34	49
四川省	科技企业孵化器（个）		大学科技园（个）		众创空间（个）	
	国家级	省级	国家级	省级	国家级	省级
	35	123	5	12	65	123

2. 科技成果产权激励改革

“十三五”以来，两地稳步推进科技成果激励机制改革，激发科研人员创新活力。一是职务科技成果所有权改革试点。重庆出台《重庆市促进科技成果转化股权和分红奖励的若干规定》《重庆市科技成果初始权益分配制度改革扩大试点方案》，开展职务科技成果分配改革试点等系列工作。新修订的《重庆市促进科技成果转化条例》赋予科技成果完成人更多的职务科技成果权属。四川出台《关于扩大职务科技成果权属混合所有制改革试点的指导意见》，将试点单位从20家扩大到45家①，涉及高等院校、科研院所、科技型企业、医疗卫生机构。二是深化以增加知识价值为导向的分配改革。重庆方面，建立绩效工资水平动态调整机制，科技成果转化收益奖励、横向委托项目人员奖励、高层次人才激励性报酬等不纳入绩效工资总额管理。在西南大学等10家高校院所开展科技成果初始权益分配改革试点。四川方面，出台《四川省激励科技人员创新创业十六条政策》《四川省扩大高等学校科研院所医疗卫生机构人事自主权十条政策》，通过产权、分红等方式实现长期激励，在全国率先允许科研单位与职务发明人约定职务科技成果权属，通过转让或许可取得净收入允许提取不低于70%的比例用于奖励。

3. 科技成果市场化改革

“十三五”以来，成渝两地深入推进科技成果市场化改革，支持技术转移服务体系建设。

一是加快科技成果评价市场化改革试点。2016年科技部废止了科学技术成果鉴定办法后，重庆和四川根据各自的实际情况对科技成果评价进行改革试点。2017年，重庆在沙坪坝区、江津区、荣昌区、丰都县等地开展了科技成果评价试点，新修订完善《科技成果评价试点暂行办法》，研究制定《重庆市科技成果信息发布制度》。四川先后出台《四川省科技成果评价工作标准规范实施意见》《四川省科技成果评价改革试点方案》，支持一批基础好、运行规范、在市场中具有一定知名度和影响力的单位试点开展工作。2017年，成

① 45家试点单位包括：西南财经大学、中国电科集团十所等中央在川单位9家，四川农业大学等省属高等院校14家，省中医药科学院等省属科研院所17家，四川大学华西第二医院等医疗卫生机构3家，成都西南交大研究院有限公司等科技型企业2家。

都西南交大科技园管理有限责任公司、成都市科技评估中心牵头成立成都市科技成果评价联盟。2018 年，四川省科技成果评价联盟成立，由四川省技术转移中心、中科合创（北京）科技成果评价中心四川分中心、成都生产力促进中心等 28 家单位组成。

二是加快推进科技成果转化改革。“十三五”期间，科技部和国家知识产权局支持重庆和四川科技成果转化改革，着力打通科技成果转化交易瓶颈。政策方面，重庆出台《关于进一步促进高校科研院所科技成果转化的若干措施》《重庆市技术转移体系建设实施方案》《重庆市促进科技成果转化条例》等政策，四川实施《四川省促进科技成果转移转化行动方案（2016—2020年)》等。技术转移体系方面，持续扩大国际博览会影响，完善国家级的技术转移服务平台，重庆建设国家知识产权重点城市，发展技术转移机构，其中重庆科技服务大市场是重庆最大的技术交易市场；四川依托“一核多极”①的布局，推进国家技术转移西南中心“1 +4 + N”体系建设和“1 + N”知识产权交易平台。重庆市和四川省技术转移服务平台情况见表 1 – 12。

表 1 – 12 重庆市和四川省技术转移服务平台情况

名称	四川省	重庆市
国家级技术展会	中国西部国际博览会、中国（成都）智慧产业国际博览会	中国重庆高新技术交易会、中国国际军民两用技术博览会、中国国际智能产业博览会、中国西部国际投资贸易洽谈会
国家知识产权运营服务体系建设重点城市	成都市	江北区
国家知识产权试点城市（城区）	乐山市（高价值专利培育）	涪陵区（专利导航产业发展）

① 以四川成德绵国家科技成果转移转化示范区为核心，省级科技成果转移转化示范区为支撑的“一核多极”的科技成果转移转化示范区。

续表

名称	四川省	重庆市
国家知识产权强县工程试点县（区）	彭州市、邛崃市、简阳市、遂宁市蓬溪县、成都市都江堰市、成都市金堂县、成都市龙泉驿区、攀枝花市东区、巴中市南江县、德阳市罗江区、自贡市沿滩区	
国家知识产权示范园区	绵阳高新技术产业开发区	
国家知识产权试点园区	成都武侯新城产业园区	
国家科技成果转移转化示范区	成德绵国家科技成果转移转化示范区	
国家技术转移中心	国家技术转移西南中心	
国家技术转移示范机构	四川大学国家技术转移中心、四川中物技术有限责任公司、四川省科学技术咨询服务中心、成都西南交大技术转移中心有限公司、四川省科技信息研究所、成都生产力促进中心、四川省技术转移中心、绵阳市农业科学研究院技术转移中心（绵阳农科院）、电子科技大学科学技术发展研究院、四川农业大学新农村发展研究院、四川西部医药技术转移中心、西南联合产权交易所有限责任公司、成都天河中西医科技保育有限公司、四川省科技交流中心、成都技术转移（集团）有限公司、成都西南交大科技园管理有限责任公司、四川省自然资源科学研究院、西南科技大学科技园技术转移中心、成都西南石油大学科技园发展有限公司	重庆科技检测中心、重庆市科学技术信息中心、重庆市机电设计研究院、重庆科学技术咨询中心、重庆市科学技术研究院重庆技术评估与转移服务中心、重庆工业服务港投资管理有限公司、重庆市农业科学院、中国科学院重庆绿色智能技术研究院
国家级创新驿站	自贡高新技术创业服务中心、成都高新技术产业开发区（欧盟项目创新中心和成都高新区技术创新服务中心）、成都生产力促进中心、四川省科学技术信息研究所	重庆科学技术咨询中心、重庆市科学技术研究院、重庆高新技术产业开发区创新服务中心

续表

名称	四川省	重庆市
国家级科技企业孵化器	绵阳市游仙区创梦中小企业孵化管理有限公司、成都双流聚源科技企业孵化器管理有限公司、绵阳高新区生物医药孵化器有限公司、乐山高新技术产业开发区创业服务中心、绵阳市科技城科教创业园区创业服务中心、四川德阳广汉高新区创新创业服务中心、绵阳西南科技大学国家大学科技园有限公司、四川中物技术有限责任公司	重庆赛伯乐科技有限公司、重庆感知科技孵化器有限公司
省市级技术转移示范区/示范机构	自贡高新区、乐山高新区、德阳高新区、内江高新区、德阳经开区、宜宾临港经济开发区、成都市金牛区、武侯区、温江区、郫都区、绵阳科创区、广元经开区、遂宁经开区、资阳高新区	重庆大学产业技术研究院、重庆理工大科技资产经营管理有限责任公司、中国—匈牙利技术转移中心（重庆）、重庆市科技工作者众创之家、智慧狗技术转移大数据智能服务中心、重庆工业职业技术学院成果转移转化办公室、中药材生产技术转移服务中心
省市级技术服务市场	天府新区技术交易市场、四川省科技成果汇交服务平台、成都知识产权交易中心等	重庆科技服务大市场、重庆联合产权交易所、重庆科技要素交易中心等

三是推动国际科技合作，培育国际技术市场。在科技部的支持下，重庆、四川建立了一批国家级国际科技合作基地。其中，重庆重点在汽车、新材料、生物医学、畜牧业、环境监测、大数据智能化等领域开展国际科技合作，四川重点在生态保护、新材料、通信、核技术、生物医学与制药、轨道交通、果树等领域开展国际科技合作。以国际科技合作基地为平台，培育国际技术市场。例如，中国—匈牙利技术转移中心（重庆），从 2016 年 11 月成立到 2019 年 5 月，开通了中匈技术需求网站，成功举办 6 场线下中匈项目对接会，各类洽谈合作 70 余次，促成 43 个项目成功对接，其中 6 个项目落地实施①。欧盟项目创新中心（成都）2006 年成立以来，已成功举办 12 届中国—欧盟投资

① 重庆与匈牙利在汽车产业创新领域达产合作意向，人民政协网，2019 年 5 月 10 日。

贸易科技合作洽谈会，累计参会的欧方企业3270余家，中方企业6120余家，成功安排企业配对洽谈2.55万场次，达成意向性合作协议2327项，专业经济论坛75个[①]。重庆市和四川省国家级国际科技合作基地情况见表1－13。

表1－13　重庆市和四川省国家级国际科技合作基地情况

名称	重庆市		四川省	
	基地名称	依托单位	基地名称	依托单位
国际创新园	重庆国家节能环保汽车国际创新园	重庆两江新区管理委员会		
国际联合研究中心	微纳系统及新材料技术国际研发中心、低碳绿色建筑国际联合研究中心、无线电能传输技术国际联合研究中心	重庆大学	九寨沟生态保护国际联合研究中心	九寨沟风景名胜区管理局
	精准医学生物治疗国际联合研究中心、心血管疾病国际联合研究中心	中国人民解放军第三军医大学	口腔疾病国际联合研究中心、高分子材料与工程国际联合研究中心	四川大学
			神经信息国际联合研究中心、先进无线通信技术国际联合研究中心	电子科技大学
			现代交通通信与传感网络国际联合研究中心	西南交通大学

① 欧盟项目创新中心(成都). http://www.eupic.org.cn/cn/page.html? cateID = 16.

续表

名称	重庆市		四川省	
	基地名称	依托单位	基地名称	依托单位
国际技术转移中心	重庆技术评估与转移服务中心	重庆两江新区管理委员会	成都国际技术转移中心	成都欧盟项目创新中心
	中国—匈牙利技术转移中心（重庆）	重庆高技术创业中心		
示范型国家国际科技合作基地	（重庆）汽车技术国际合作基地	中国汽车工程研究院股份有限公司	猕猴桃国际科技合作基地	四川省自然资源科学研究院
	超声医疗国际科技合作基地	重庆海扶（HIFU）技术有限公司	核工业西南物理研究院国际科技合作基地	核工业西南物理研究院
	自主品牌汽车研发国际科技合作基地	重庆长安汽车股份有限公司	成都中医药大学国际科技合作基地	成都中医药大学
	中欧金山国际科技合作基地	重庆金山科技（集团）有限公司	通信用单晶材料国际科技合作基地	电子科技大学
	重庆市科学技术研究院国际科技合作基地	重庆市科学技术研究院	生物医用材料国际科技合作基地	国家生物医学材料工程技术研究中心
	重庆隆生农业发展有限公司国际科技合作基地	重庆隆生农业发展有限公司	四川抗菌素工业研究所国际科技合作基地	中国医药集团总公司四川抗菌素工业研究所
	重庆新兴齿轮有限公司国际科技合作基地	重庆新兴齿轮有限公司	四川省安岳柠檬国际科技合作基地	四川省安岳县柠檬科学技术研究所
	畜牧科学国际科技合作基地	重庆市畜牧科学院	大熊猫保护研究与教育国际科技合作基地	成都大熊猫繁育研究基地

续表

名称	重庆市		四川省	
	基地名称	依托单位	基地名称	依托单位
示范型国家国际科技合作基地	重庆工业物联网国际科技合作基地、大数据智能计算国际科技合作基地	重庆邮电大学	能源储备与 CCUS 国际合作研究基地	四川大学
	儿童发育重大疾病国际科技合作基地	重庆医科大学附属儿童医院	核动力研发国际科技合作基地	中国核工业集团中国核动力研究设计院
	智能制造服务国际科技合作基地	重庆工商大学	绵阳车用发动机研制国际科技合作基地	绵阳新晨动力机械有限公司
	三峡库区水环境监测与模拟国际科技合作基地	西南大学	沼气技术国际科技合作基地	农业部沼气科学研究所
			现代轨道交通车辆设计与安全评估技术国际科技合作基地	西南交通大学

资料来源：科技部 . http：//www. cistc. gov. cn/InterCooperationBase/details. asp？ column = 741&id = 81467.

4. 稳步推进科技金融市场发展

“十三五”期间，重庆、四川稳步推进科技与金融融合发展。一是培育科技金融服务体系。重庆发挥科技金融服务中心的作用，出台《重庆市产业引导股权投资基金管理办法》《重庆市知识产权质押融资管理办法（试行）》等政策，成立重庆市国资委独资的重庆科技金融集团有限公司，建立科技股权投资基金、科技融资担保、科技金融服务联盟等服务体系，促进合作银行扩大科技型企业知识价值信用贷款改革试点。四川出台《四川省科技金融发展规划（2018—2020 年)》《成都市金融科技发展规划（2020—2022 年)》，依托全国首批促进科技与金融试点地区成都市高新区，着力向全国推广科技金融改革创新经验。2019 年，四川省知识产权运营基金规模 10 亿元，知识产权质押融资额累计超过 100 亿元。二是推进科技成果资本化。瞄准创业板和科创板，支持科技公司上市，截至 2020 年 5 月，两地共有创业板上市公司 36 家、科创板上市公司 1 家、获得证监会批准科创板上市公司 3 家。三是积极布局金融科技。重庆出台《重庆市人民政府办公厅推进金融科技应用与发展的指导意见》，依托“中国智谷（重庆）”等战略性新兴产业集群、国家工业和信息化部物联网产业示范区、国家科技部移动通信产业基地、两江新区数字经济产业园，培育金融科技产业生态圈，着力打造西部金融科技中心。四川获得中国人民银行、国家发展改革委、科技部等六部委批复，开展金融科技试点。

专栏 1－2　重庆市和四川省科技金融发展概况

一、重庆市

重庆市科技金融服务体系，截至 2019 年底，重庆依托种子、天使和风险投资引导基金三大基金体系，建立了科技金融服务中心 39 家；设立科技股权投资基金规模 200 亿元，投资项目 829 个，累计投资金额 120 亿元；合作银行累计对 283 家科技型企业发放 3.72 亿元；重庆科技金融服务联盟成员单位 211 家，服务产品 416 款；开展双创大赛、常态化路演、培训讲堂等活动 16 场，累计服务企业 2908 家，其中精准服务企业累计 1393 家，促成股权债权投融资额 61.77 亿元。截至 2020 年 5 月，重庆有创业板上市公司 5 家，科创板上市公司 0 家。

二、四川省

成都市高新区是国家促进科技与金融试点区。成都高新区走在发展金融科技产业的前列，成都高新自贸试验区“面向中小企业的一站式投融资信息服务”，即“盈创动力科技金融服务模式”①，成为全国推广的科技金融改革创新经验之一。成都高新自贸试验区还在探索其他领域的金融创新，如通过资产证券化（ABS）、发行商业抵押房产支持债券（CMBS）以及发行类房地产信托投资基金（REITs）等方式盘活存量房产；探索以“沙盒监管”模式对金融科技的潜在的大数据风险、网络安全风险进行创新监管。截至2020年5月，四川省有创业板上市公司31家、科创板上市公司1家。

（五）数据要素市场

成渝地区围绕政务数据开放共享已构建各自的政务数据共享平台，积极探索挖掘数据资源价值，持续推进数据资源整合及安全保护工作，大数据协同发展步伐逐步加快。

1. 政务数据开放总体架构基本建成

四川方面：2018年，成都率先开通上线“成都市公共数据开放平台”；2019年底，“四川公共数据开放网”正式上线运行（图1－1），泸州、绵阳、广元、遂宁、内江、雅安等市级公共数据开放网站陆续开通上线。目前，“四川公共数据开放网”已发布45个省级部门和2个市（州）的开放数据，总量达到9285万条，涵盖教育文化、信用服务、医疗卫生、社保就业、财税金融、城建住房、生活服务、商贸流通、交通运输、生态环境、法律服务等22个主题。

① 盈创动力科技金融服务模式是指盈创动力在四川各市（州）建立金融服务平台，探索出可复制、可推广的中小企业金融服务模式。盈创动力与德阳等地方共设天使投资基金，运营的四川省“创新融资基金”和“园保贷”产品已经覆盖四川省，服务区域已达62个工业园区，推动了四川科技金融融合和产业发展。截至2018年6月，盈创动力累计为4900余家中小企业提供债权融资超过400亿元；累计为400余家中小企业提供股权融资超过72亿元；累计为16000余家中小企业提供投融资增值服务；累计助推80余家中小企业改制上市。

图 1－1　四川公共数据开放网网站首页展示

重庆方面：主要通过重庆市网上办事大厅（“渝快办”）向公众提供政务数据开放服务，“渝快办”于 2018 年 11 月正式上线（图 1－2），集政务数据查询与办事服务功能为一体，融合 58 个业务部门共 3600 多项政务数据资源，涉及民族宗教、教育科研、就业创业、设立变更、交通出行、旅游观光、公共安全、环保绿化、公共事业、医疗卫生等 22 个服务主题。

图 1－2　重庆网上办事大厅网站首页展示

2. 数据资源价值挖掘仍处探索阶段

目前，四川省、重庆市政府及社会层面在社会数据资源价值开发应用方面仍处于探索阶段。

规划层面：近年来，围绕大数据产业发展，成都发布《成都市大数据产业发展规划（2017—2025年）》《成都市金融科技发展规划（2020—2022年）》等大数据发展规划，重庆出台《重庆市以大数据智能化为引领的创新驱动发展战略行动计划（2018—2020年）》《重庆市人民政府办公厅关于推进金融科技应用与发展的指导意见》（渝府办发〔2020〕40号）等规划意见，推动数据资源要素集聚、价值开发及运用。

平台建设层面：围绕政务数据资源价值挖掘，成都于2013年设立成都市大数据股份有限公司，协助政府汇集数据资源，推动各行各业依托大数据资源实现融合发展。重庆于2018年机构整合，成立重庆市大数据应用发展管理局，旨在促进大数据政用、民用、商用，推动产业数据分级分类管理和商用。围绕社会数据资源，四川主要由各大通信运营商基于通讯数据建设数据中心，开展数据存储、计算等业务。重庆主要由知名运营商和互联网企业建立数据中心，开展数据存储、处理等业务。目前，成渝地区尚未建立起数据交易平台，在数据价值开发运用方面的进展仍较滞后。四川、重庆部分数据中心、大数据企业情况见表1－14和表1－15。

表1－14　四川部分数据中心、大数据企业情况

名称	业务范围	建设情况
中国西部信息中心	面向政府、企业特别是银行、保险、证券等金融机构提供数据存储、灾备、呼叫外包、电子商务和移动互联网等系列服务	2011年在成都高新区竣工投产，是中国电信在西部最大的数据灾备中心和全国第一家“国家级数据安全中心”
华为（四川）大数据中心	为泸州及周边地区提供优质政企云服务，将打造西南绿色节能数据中心、西南智能制造中心、西南电商服务中心、四川省信息消费支撑中心、西南大数据处理中心	2017年在泸州正式上线运营
联想数据中心	为用户提供大数据＆物联网领域的产品、工具与专业服务，帮助用户挖掘数据价值，业务快速转型；利用强大的联想高性能计算（HPC）解决方案加快价值获取时间，改进关键决策，推动创新并加速实现目标等	位于成都高新区，已建成运营

续表

名称	业务范围	建设情况
四川电信中立数据中心	为成都乃至整个西部地区的机房规模、标准机位、装机容量和传输带宽等方面，满足西部大区海量数据资源集中存储的业务需求提供保障等	位于成都温江区，2010 年落成
中国移动西部云计算数据中心	作为中国移动华中及西部大区互联网数据中心（Internet Data Center，IDC），成都基地将主要发展 IDC 托管业务，同时也兼顾四川省网集中化的 IT 支撑平台、核心网、业务平台的需求	落户成都，建设中
四川移动川南大数据中心	推动智慧城市建设，加大政企互联网数据中心，行业的信息化投资，尤其为公安行业、教育行业、雪亮工程、智慧城市工程、医疗行业、能源行业等领域提供所需的计算算力，满足存储吞吐量的需求，对电子政务、金融产业、电子信息制造业、生物医药业等产业将起到支持提升作用	2020 年，内江市政府与中国移动四川有限公司签署中国移动四川内江（川南大数据中心）通信机房工程项目合作协议
成都市大数据股份有限公司	一是成都市大数据资产运营商，协助政府汇聚数据资源，通过专业化的市场运营，实现政府数据合法有序、契约化、市场化的开放；二是成都市大数据产业生态圈服务商，积极推动各行各业依托大数据资源，创新商业模式，实现融合发展；三是智慧城市投资、建设、运营服务商，深度参与新一代通讯、数据处理和信息管理基础设施建设，运营基于大数据与人工智能的新型城市智慧中心	大数据公司成立于 2013 年，前身是成都市信息化建设发展有限公司，2018 年 3 月完成股份制改革，更名为成都市大数据股份有限公司，目前是成都产业集团全资控股的二级国资平台公司，公司注册资本 28052.18 万元
成都数联铭品科技有限公司	是国内最早探索和实践大数据技术和数字经济产业发展的高新技术企业之一，拥有完整的大数据综合服务产品线和丰富的行业解决方案，同时搭建了国内领先的企业数据库和模型库，具备强大的数据治理和建模能力，致力于打造成为“全球领先的大数据金融科技和政府治理智库服务机构”	位于成都高新区

续表

名称	业务范围	建设情况
成都数之联科技有限公司	致力于帮助政府和企业设计大数据顶层规划，为客户提供数据采集、存储、治理、分析、应用和可视化等大数据全产业链综合服务。核心业务为政府和企业提供大数据顶层规划与设计、大数据平台集成与建设、大数据分析挖掘平台及企业示范性应用一体化的技术支持和服务	成立于 2012 年，位于成都高新区
成都探码科技	依托自研强大的大数据技术核心，致力于大数据产业生态链的构建，已在互联网、健康、农业、交通、政务、金融业等产业都成功实现了产品运用，团队规划构建具备国际领先的大数据 SaaS 平台，为产业应用奠定基础	位于成都高新区
成都四方伟业软件股份有限公司	主营业务主要有提供大数据基础平台、数据管理、大数据应用建模分析、大数据并行计算架构设计	成立于 2014 年

表 1－15　重庆部分数据中心、大数据企业情况

名称	业务范围	建设情况
中国联通西南数据中心	定位为“高端数据中心、全国共享灾备中心、云计算服务中心”，将面向国内政府、金融、大企业战略级客户和 TOP50 互联网客户，打造提供国际标准服务的互联网数据中心；建立容灾备份服务体系，突发灾难时保障客户的信息系统安全和业务连续性；以企业专享云为主，让客户可以随时获取、按需使用、按使用付费	位于两江国际云计算产业园，建设中
浪潮（重庆）云数据中心	开展大数据采集、储存、分析、评估、征信等业务等	位于两江新区水土国际云计算产业园，建设中
中国电信两江腾龙数据中心	该项目将作为腾龙控股集团未来规划的全国 12 个数据中心之一，建成后将为电信运营商、高端金融客户及互联网客户提供专业服务	位于两江新区水土高新生态城，一期项目已落成投用，二期建设中

续表

名称	业务范围	建设情况
中国移动（重庆）数据中心	面向中小型企业提供企业云，面向互联网企业提供高速、高效、可靠的服务能力，为各类企业提供数据存储、运算资源，企业数据可以集中在云平台实施统一运行和管理	位于两江云计算产业园，一期已启用，二期建设中
腾讯西部云计算大数据中心	主要为西部乃至全国提供“一体化”的云服务，以及向西南地区工业制造业提供科研级的高性能计算力和互联网科技能力等	位于两江新区，一期已启用，二期建设中
重庆同城双活数据中心	将为企业提供互联网数据中心托管、大数据存储和处理等服务	位于长寿区，建设中
数字重庆大数据应用发展公司	开展数据采集、汇聚、存储及处理服务；数据开发、分析、应用及相关增值服务；信息技术开发、咨询及转让；软件研发及信息系统集成服务；数据服务平台、云计算平台建设及运营维护等	重庆发展投资有限公司于2019年出资2亿元组建的国有全资企业
重庆撼地大数据有限公司	数据资源覆盖全国全量1.8亿家企业数据，并采用业界领先的模型和算法持续深耕各细分业务场景，构建产业大数据应用生态圈。已形成面向政府、园区、企业、金融机构的产业智能综合服务体系	于2018年成立

3. 数据资源整合及安全保护持续推进

制度建设方面：四川、重庆分别出台《四川省政务信息资源共享管理实施细则（暂行）》《重庆市政务信息资源共享开放管理办法》，着力促进政务信息系统互联互通，为全市政务信息资源共享和开放提供制度保障。2018年，成都市人民政府办公厅出台《关于加快推进网络信息安全产业体系建设发展的意见》，探索在量子保密通信、区块链安全、工业信息安全、云计算与大数据安全等重大应用领域，实施网络信息安全应用试点示范工程。重庆市人民政府办公厅发布《关于开展中小企业商业价值信用贷款改革试点工作的通知》，探索利用防火墙、区块链等先进技术记录涉企数据来源、走向、运用及输出痕迹，建立涉企数据安全保密责任制度。

机构建设方面：政府层面，2019年，四川设立四川省大数据中心，重庆组建重庆市大数据应用发展管理局，负责数据资源体系的建设和管理工作，承担政府数据的统筹管理，负责推进政府数据的采集、存储、登记、共享、开放等工作，推动社会数据汇聚融合、互联互通及合法有效利用。社会层面，成渝地区部分大数据公司业务范围涉及网络信息安全保护。成都市部分涉及信息安全业务的企业情况见表1－16。

表1－16　成都市部分涉及信息安全业务的企业情况

名称	业务范围
卫士通信息产业股份有限公司	国内知名密码产品、网络安全产品、互联网安全运营、行业安全解决方案综合提供商，首批商密产品研发、生产、销售资质单位，首批涉密信息系统集成甲级资质单位，国内专业从事网络信息安全的上市公司，专注网络信息安全，致力于打造从芯片到系统的全生命周期安全解决方案，为党政军用户、企业级用户和消费者提供专业自主的网络信息安全解决方案、产品和服务
亚信	业务领域已经由运营商市场拓展到金融、政府、医疗、电力等多个行业，核心技术自主可控，形成了大数据、网络安全、电信软件、运营服务等领域的核心竞争力。亚信网络安全产业技术研究院包含国际一流的云安全、大数据安全、工业互联网安全、网络空间平安城市四个实验室，并在国内首倡建立“网络空间平安城市”
迅鳐科技	依托大数据产业，交叉于信息安全，致力于价值数据市场基础规则设计、制定、建设，以提供高水平、定制化数据安全产品、解决方案为中心，服务于政务及企业数据开发、共享健康发展、决策可行性验证
崇信大数据	四川省首家国有独资大数据企业。立足于数据的归集沉淀、清洗规范、共享开放、交易应用、安全保障等方面服务，推进政务数据资源体系梳理、采集和入库工作
成都国科海博信息技术股份有限公司	拥有信息系统集成二级资质、软件能力成熟度集成模型CMMI L5、信息安全服务资质一级、信息技术服务运行维护二级。锁定装备制造信息化、交通智能化、政府信息化三大重点行业提供行业关键业务支撑系统解决方案

专栏1－3　《重庆市政务数据资源管理暂行办法》主要内容

一、适用范围

《重庆市政务数据资源管理暂行办法》（以下简称《暂行办法》）规定本市行政区域内政务数据资源的汇聚、共享、开放、应用及其相关管理活动，适用本办法，明确了政务数据资源是本行政区域内的各政府部门以及法律法规授权的具有管理公共事务职能的组织在履职中制作、获取，并以一定形式记录、保存的各类数据资源。同时，《暂行办法》还明确了几种特殊情形：一是两江新区、万盛经开区等具有行政事务管理职能的市政府派出机构，按照《暂行办法》有关区县的规定执行；二是中央在渝直属机构、审判机关、检察机关、社会团体以及供水供电供气等公共服务企业的数据资源可以参照本办法执行；三是规定在本市的外国人、无国籍人和港澳台地区居民适用本办法，法律法规另有规定的，从其规定；四是为了避免将政务数据开放与政府信息公开混淆，专门规定政府信息公开按照政府信息公开条例等法律法规执行，不适用本办法。

二、政务数据资源汇聚

《暂行办法》对数据汇聚全过程进行规定：一是规定市大数据发展局组织制定全市统一的政务数据汇聚规范，明确政务数据采集、整合等环节的标准和程序，解决政务数据资源标准不一、互认共享困难的问题；二是规定各部门按照责任清单采集数据，明确各部门采集数据的边界和范围，确保数据一数一源、一源多用；三是明确部门数据资源池、基础数据库、主体数据库的建设主体和建设方式；四是对数据更新、校核、质量和传输管理等进行规范，确保政务数据真实、可靠、有效。

三、政务数据资源共享和开放应用

《暂行办法》对数据共享和开放应用进行了详细规定：一是明确了共享系统和开放系统的基本定位和建设要求，确定了市、区县（自治县）两级统一共享和市级统一开放的共享开放体系；二是对政务数据资源按照共享和开放的不同属性进行了分类并提出不同的管理规范；三是对共享和开放政务数据的具体途径和程序进行了规定；四是对通过共享和开放获取的政务数据的法定效力进行了规定；五是明确支持和鼓励社会各界利用政务数据资源创新技术、产品和服务，充分挖掘政务数据资源价值。

四、政务数据资源安全和监督管理

《暂行办法》强化了数据安全管理和监督管理：一是按照不同责任主体强调了安全责任；二是对保密责任、网络安全责任、风险管理、应急处置等作出规定；三是建立了评估、考核评价、年度报告制度；四是明确了政务信息化建设项目的审批管理；五是强调了审计监督管理；六是对政务数据资源管理中的禁止行为进行明确，并规定了相应的法律责任。

4. 成渝地区积极推进大数据协同发展

川渝多次联手签订大数据发展合作协议，推动成渝地区双城经济圈大数据协同发展。一是着力推进数据治理协作及数字经济协同发展。万州、达州、开州三地签署万达开大数据区域协同创新发展合作框架协议，在提升数据治理协作能力、强化数字经济产业协作发展、推动数字经济技术协同创新三方面展开合作。二是以平台合作推动数据融合应用。雅安市政府与重庆市大数据发展局签署了《大数据产业战略合作框架协议》，双方将开展中新（重庆）国际互联网数据专用通道合作，探索推动四川省川西大数据中心与重庆两江云计算中心、重庆（荣昌）生猪大数据中心等开展合作。同时，推动政务数据互联共享，加快跨区域政务数据、公共数据、社会数据融合和创新应用。三是力促大数据产业协同发展。四川省大数据中心和重庆市大数据应用发展管理局签署《深化川渝合作推动成渝地区双城经济圈大数据协同发展合作备忘录》，着力打通川渝大数据壁垒，促进两地大数据事业协同健康有序发展。

三、成渝地区双城经济圈要素市场一体化存在的问题

（一）土地要素市场建设有待加强和完善

新修订的《中华人民共和国土地管理法》肯定了土地制度试点地区的改革成果，也对社会关注的一些难点、热点问题进行了回应，但部分规定仍较

原则、弹性较大，缺乏可操作性，改革还在路上，依然任重道远。成渝地区城乡土地市场还存在联结不够、供需错配等问题，还不能满足成渝地区双城经济圈对土地要素合理流动和高效集聚的要求。一是城乡土地规划统筹不足。目前成渝地区的城市规划和土地规划还未完全覆盖农村地区，村庄规划编制正在推进中，2019 年 5 月四川才正式启动村庄规划编制工作，重庆市规划和自然资源局目前已批复的村庄规划仅 17 个，正在修改完善的村庄规划也才 33 个，不利于城乡土地资源的合理利用。二是城乡土地利用二元化取向仍然明显。目前城乡土地利用制度仍然存在明显的二元结构，主要表现在城镇居民或企业必须有偿取得土地的使用权，而农村居民则是无偿获得土地的经营使用权；同时人地挂钩严格，申请和购买宅基地都必须是农村户口，城市户口不能申请宅基地。三是城乡土地市场联结不够。由于农村土地要素市场化不够和城乡土地市场一体化建设不足，导致城乡土地差异仍然较大。一方面，城镇建设用地和房屋可以自由买卖交易，但农村的房屋和宅基地只能在本村内部买卖，造成农村宅基地资源闲置浪费严重，“一户多宅”、空心村、闲散地等现象大量存在。另一方面，城镇土地可以进入出让市场（一级市场）进行使用权交易，实行公开透明的招拍挂制度，而农村土地除集体经营性建设用地外均只能进入转让市场（二级市场），与城镇土地市场处于隔离状态，农村土地无法取得与城镇土地同样的增值收益。而当劳动力跨省市流动就业后，现行的制度不允许其发展权跨省市转移，即其土地指标不能够跨省市流动和交易。

（二）劳动力要素市场一体化程度较低

成渝两地在劳动力要素市场方面尚未实现管理联动、政策统筹、结果互认。一是人力资源市场管理联动较少。成渝两地在人力资源服务机构行政许可条件上还有差异，也尚未做到结果完全互认。两地人力资源产业园是之前按照各自发展需要规划布局，尚需根据成渝地区双城经济圈建设要求统筹布局。二是就业失业登记流程存在差异。重庆在全国率先实现失业登记的“全渝通办”，并对有关证明材料进行了大幅删减。但经办流程和证明材料与包括四川的其他省份存在差异，服务一体化较难在流程上实现协同。三是相关数据信息未能共享互联。成渝两地均启动了本地就失业登记信息化管理工作，并建立具有就失业登记功能的业务经办系统，但系统数据不能适时互联，失业登记结果互认便捷化程度还有待提高。

（三）资本要素市场开放程度低且缺乏联动协作机制

虽然成渝两地资本要素市场均超过 10 家，但尚未形成规模化运营优势，竞争力不足等问题导致要素市场的对外开放度不高，在两地协作上也缺乏积极性和顶层设计支持。一是要素市场整体开放度不高。在当前的金融监管体制下，监管条块分离，而且存在不同程度的行政壁垒，包括制度、司法、地方政府采购等一系列因素都制约了统一市场的形成，成渝两地要素市场联通、展业经营等还面临较多监管限制，加之两地要素市场大多具有地方国资背景，也导致市场边界难以突破行政辖区，使得资本要素跨区域流动不畅，难以实现最优配置。二是跨区域协作机制不健全。目前成渝两地要素市场仍缺乏顶层设计，两地之间的金融协调机制尚未形成，要素市场之间缺乏信息互通、业务对接和风险处置联动。特别是跨区域利益分享机制的缺失，导致成渝两地在促进要素流动方面竞争多于合作，尚未形成发展合力。

（四）技术要素市场无序发展且质量不高

重庆市和四川省政府各自推行科技创新市场化改革，进一步深化了两地技术市场的分割，主要表现在：一是地方政府产业政策成为吸引技术要素的重要制度安排，对创新协同、联合监管有所排斥；二是技术交易市场成为地方财政资源再分配的主要方式，缺乏功能特色；三是在当前防范金融风险的政策下，科技金融融合发展的动能趋弱；四是技术跨境流动受到相关国家的安全审查和国际贸易服务规则限制，国际科技合作进展缓慢。

（五）数据要素市场尚处于起步探索阶段

目前，成渝地区双城经济圈在数据交易平台建设方面仍较空白，数据标准不一、底数不清、权属定价不明等问题持续制约数据资源价值释放。一是数据共享交易缺乏统一的公共平台。基于政务数据，成渝两地有各自相应的政务数据共享开放平台，但平台建设程度不一，平台的构架和功能也具有较大差异。在数据交易平台建设方面，成渝两地都没有数据交易平台，而周边贵州已建立起贵阳大数据交易所，数据交易平台的缺失进一步制约数据资源价值的开发和应用。二是数据底数不清造成资源分散及浪费。在数据管理方面，成渝两地以往只针对特定业务需求开展数据系统建设，庞杂的数据无序地分散在不同系统中。目前，成渝两地政务数据资源整合平台建设尚不完善，数据底数不清、掌握不全，对数据价值释放带来极大困难。三是数据要素缺乏规范的确权定价标准。数据权在数据的全生命周期中有不同的支配主体，数据确权难度较大。当前，成渝两地在数据确权方面的探索仍不深入，尚未建立数据价值核算和估价体系，在数据共享交换以及数据价值开发应用方面形成较大制约。四是数据安全保护协同机制尚未建立。成渝两地在数据泄露、窃取、匿名化等方面数据防护技术较为落后，且未形成数据安全协同保护机制，围绕个人信息保护、数据安全管理法、数据跨境流动安全审查等设立的基础性法律法规仍不完善。

四、成渝地区双城经济圈要素市场一体化面临的国家政策导向

近年来，我国积极推动要素市场建设，充分发挥市场机制作用，深化要素价格市场化改革，加快破除阻碍要素自由流动的体制机制障碍，推动各类要素协同向先进生产力集聚，提高要素配置效率，不断激发全社会创造力和市场活力。

（一）国家要素市场发展政策导向

积极支持建立多层次要素市场。支持资本、土地、技术、劳动力等要素市场发展，发挥要素市场资源配置功能作用。一是完善要素市场发展基本制度。改革土地市场农村土地征收制度、收益分配制度，完善股票市场发行、

交易、退市等制度，统一公司债券信息披露标准，健全技术市场职务科技成果产权制度，制定数据市场数据隐私保护制度和安全审查制度，为要素市场发展营造良好制度环境。二是支持建立发展各类要素市场。积极推动主板、科创板、中小企业板、创业板和全国中小企业股份转让系统（新三板）市场建设，健全多层次资本市场体系、银行机构体系，满足市场多元化要素供给需求。三是扩大要素市场开放。加大人才引进力度，畅通海外科学家来华工作通道；稳步推进人民币资本项目可兑换，有序推进期货市场对外开放，逐步放宽外资金融机构准入条件，支持国际科技创新合作，增强要素市场发展活力。

着力提升要素市场配置效率。大力推动要素管理改革，提高要素流通的市场化水平，增强要素配置效率。一是深化要素管理制度改革。实施年度建设用地总量调控制度，调整完善产业用地政策，推动不同产业用地类型合理转换；畅通劳动力和人才社会性流动渠道，提升各类要素流动能力。二是拓展要素多元化配置渠道。加大产业用地配置，健全长期租赁、先租后让、弹性年期供应、作价出资（入股）等工业用地市场供应体系；支持构建农业、工业、交通、教育、安防、城市管理、公共资源交易等领域规范化数据开发利用场景；完善科技创新资源配置方式，支持有条件民营企业等承担国家重大科技项目，提高资源要素配置效率。三是完善激励机制，激活要素资源。完善城乡建设用地增减挂钩政策，通过税费等多渠道盘活国有企业存量土地和农村闲置宅基地，支持建立城镇教育、就业创业、医疗卫生等基本公共服务与常住人口挂钩机制，推动建立县域银行业金融机构服务“三农”的激励约束机制，进一步激发要素市场活力。

推动区域要素市场一体化发展。积极建立统一的区域要素大市场，支持推动要素的区域有序流动，提升区域要素聚集能力。一是着力破除要素区域流动的制度障碍。推动建立城乡统一的建设用地市场，探索建立全国性的建设用地、补充耕地指标跨区域统筹制度和交易机制，实施城乡土地统一调查、统一规划、统一整治、统一登记；推动超大、特大城市调整完善积分落户政策，探索推动在长三角、珠三角、成渝地区双城经济圈等城市群户籍准入年限同城化累计互认，健全统一规范的人力资源市场体系，为构建区域一体化人才市场创造条件。二是支持区域要素市场共建共享。推动建立城乡统一的建设用地市场和国家技术转移区域中心，探索建立统一规范的数据管理制度，推动各地区各部门间数据共享交换，促进区域各类要素的有序流动。

（二）成渝地区双城经济圈要素市场一体化的机遇和挑战

1. 面对机遇

新信息技术加快应用，赋能要素市场发展。全球“互联网+”深入发展，大数据、云计算、区块链等信息技术快速发展及市场应用，为成渝地区应用现代信息技术打造一流的新型要素市场创造了条件。一是“互联网+”为成渝要素市场互联互通创造了条件。“互联网+”与市场深度融合、应用，将有力推动成渝两地要素市场高水平互联互通，促进区域资本、技术、人才等要素自由流动、高效配置。二是大数据、云计算等新技术应用使成渝共建区域要素市场迎来新契机。当前大数据、云计算、区块链等现代信息技术逐渐产业转化和市场应用方兴未艾，有助于成渝地区携手利用大数据、智能化产业集聚发展优势，推动大数据、智能化赋能要素市场，深入打造西部金融中心、技术创新高地和人才集聚洼地，形成区域经济发展新动能。

改革开放不断深化，拓展要素市场发展新空间。随着国家改革开放纵深推进，区域要素市场活力提升，发展空间不断扩大。一是改革纵深推进将进一步激发要素市场活力。国家对外开放、创新、金融、土地等领域改革不断深入，将进一步盘活土地、资本等存量要素资源，加快技术、数据等新要素资源市场转化，探索区域要素市场发展立法，破除要素市场发展的各种制度阻碍，激发要素市场发展活力。二是金融市场扩大开放有利于加快要素市场发展。随着我国金融市场对外资金融机构准入条件的放宽，将促进国内外要素市场联通循环和各类金融机构合作，进一步完善我国要素市场体制机制，提升国际要素吸引力，促进建立国际化要素市场。三是内陆开发开放将促进中西部要素市场繁荣。随着国家内陆开发开放深入，中西部地区国际物流、资金流、技术流、人流等更加密集，围绕贸易、产业等金融服务需求快速增加，将带动中西部地区权益、商品类要素市场快速发展。

国内经济转型升级，促进要素市场高质量发展。随着我国经济加快向高质量发展转型升级，市场对高端要素需求不断增加，推动要素市场转向高质量发展。一是高质量发展迫切需要高水平要素供给。随着我国经济加快转型升级，对优质资本和高端人才、先进技术等需求不断扩大，需要在更大范围、更高水平上进行资源要素优化整合，扩大高端要素供给水平，才能有助于区域要素市场高质量发展。二是经济高质量发展需要构建有序统一的要素市场。随着我国经济高质量发展持续推进，亟须建立统一开放大市场，增强高端要素集聚对高质量发展的驱动作用，成渝打造统一大市场迎来新机遇。

成渝地区双城经济圈建设加速推进，增添要素市场发展新动力。随着成渝地区双城经济圈建设的加快，国家支持要素市场一体化发展政策力度持续加大，影响成渝要素市场一体化发展的壁垒阻碍加快破除。一是国家政策加持将有力推动成渝要素市场一体化发展。国家从区域规划、政策引导上支持成渝深化体制机制创新，加强区域合作和政策协调，推动成渝地区形成统一的要素市场，共同建设区域一体化要素平台，提升区域要素配置能力，国家政策支持将为成渝要素市场发展注入新动力。二是成渝区域合作强化为共建要素市场打下了基础。随着成渝两地在产业、交通、公共服务等行业合作不断加强，有利于发挥成渝地区作为国家改革创新的试验区作用，打破影响要素流动的省际界限、部门壁垒，更好地促进区域要素流动、繁荣市场要素交易，更好地服务成渝地区乃至中西部地区经济社会发展需要。

2. 面临挑战

逆全球化潮流兴起，影响成渝高端要素引进。近年来，经济逆全球化潮流兴起，国际投资和贸易保护主义有所强化，资本、技术等要素全球流动受到阻碍。一是全球高端要素流动管制加强。随着欧美等发达国家对中国技术、人才等引进管制不断强化，成渝地区开展国际技术、人力资源合作面临着较多的限制，引进全球资本、技术及高端人才更加困难。二是全球要素流动动力减弱。新冠肺炎疫情使各国更加重视吸引产业回流，产业链、供应链布局的本土化、区域化特征将更加明显，资本、技术等全球流动、转移和国际合作受到抑制，成渝地区引进全球高端生产要素发展区域经济将面临更多挑战。

区域发展竞争激烈，成渝要素市场发展压力增大。当前全国各地高度重视要素市场建设，以便提升高端要素聚合能力，更好地满足区域经济发展需要。一是区域要素竞争更加激烈。当前各地积极争取布局要素市场，科技创新、产业引进、人才落户等政策力度不断加码，区域产业、人才、技术等要素争夺更加激烈，成渝地区要素市场发展面临更加激烈的外部竞争。二是成渝要素市场规模质量有待提升。与沿海省（市）相比，成渝地区在营商环境、产业生态、市场发展等方面还有较大差距，区域高端要素吸引力不足，要素市场交易规模相对较小、交易质量不高。

成渝区域壁垒较突出，阻碍要素市场一体化发展。成渝要素市场存在区域壁垒、交易规则不同、管理体制差异等制度性障碍，影响区域要素市场融合互通发展。一是成渝两地市场壁垒较突出。成渝两地要素市场服务区域主要在本行政区内，两地财政、税收及行政管理权限各异，成渝开展深度合作推进要素市场互联互通受到制约。二是成渝要素市场一体化政策制度亟须破局。成渝两地市场分工协作、优势互补、互通共享等方面探索还处于空白阶段，两地合作大于竞争，区域要素市场制度整合、运行机制优化还不充分，影响形成区域统一的要素市场。三是成渝要素市场化水平较低。与沿海地区相比，成渝地区土地等各类要素的资本化、市场转化还处于较低水平，区域要素价值挖掘释放不充分。

五、推动成渝地区双城经济圈要素市场一体化的总体思路和目标

（一）总体思路

以习近平新时代中国特色社会主义思想为指导，全面贯彻党的十九大和

十九届二中、三中、四中全会精神，深化落实习近平总书记对重庆提出的“两点”定位、“两地”“两高”目标、发挥“三个作用”和营造良好政治生态的重要指示。贯彻落实党中央关于推动成渝地区双城经济圈建设的重大战略部署，坚持稳中求进工作总基调，坚持以供给侧结构性改革为主线，坚持新发展理念；聚焦土地、劳动、资本、技术、数据等五大核心生产要素，以加快完善要素一体化规划、搭建要素交易平台、健全要素市场化机制、畅通要素流动渠道、培育统一开放市场为重点；全面深化改革，破除阻碍要素自由流动的体制机制障碍；健全要素市场体系，实现要素价格市场决定、流动自主有序、配置高效公平；为建设高标准市场体系、推动高质量发展、建设现代化经济体系打下坚实制度基础。

（二）基本原则

规划先行，制度创新。发挥规划在成渝地区双城经济圈要素市场一体化建设中的统领作用，努力形成共同的行为准则、管理制度和标准，建立规划实施的共同约束机制，建立推进规划实施的财税分享机制，降低行政门槛和制度成本。

市场决定，价值发现。充分发挥市场配置资源的决定性作用，健全要素市场化交易平台，完善要素交易规则和服务，健全要素由市场评价贡献、形成市场价格、通过市场竞争实现效益最大化和效率最优化的机制。

畅通渠道，有序流动。打破区域行政壁垒，统一政策制度，畅通要素流动渠道，加速要素在城乡之间、区域之间的有序流动，提高要素资源配置和使用效率，培育新要素形态，提高要素质量。

稳中求进，循序渐进。更好发挥政府作用，完善政府调节与监管机制，做到放活与管好有机结合，坚持安全可控，从实际出发，尊重客观规律，探索先试点后推广的方式，因地制宜稳步推进要素市场化配置改革。

六、推动成渝地区双城经济圈要素市场一体化的重点任务

（一）城乡土地市场

要推动成渝地区双城经济圈建设，必然要通过建立统一的用地市场、推动产业用地市场化配置、盘活存量建设用地、完善土地管理体制等方式，促进土地要素在区域间自由流动和高效集聚。

1. 建设城乡统一的用地市场

按照成渝地区双城经济圈建设要求，积极推动城乡建设用地市场一体化建设，促进土地要素在成渝地区自由流动和高效集聚。一是深化城乡土地制度改革。按照新修订的《中华人民共和国土地管理法》，结合成渝地区实际，积极研究完善相关配套政策制度。深化城镇国有土地有偿使用制度改革，继续完善国有建设用地使用权转让、出租、抵押二级市场改革，扩大土地有偿使用范围，完善城乡建设用地增减挂钩政策，建立健全城镇低效用地再开发激励约束机制和存量建设用地退出机制。深化农村宅基地、土地征收、集体经营性建设用地改革，探索建立统一的集体土地入市标准，创新集体经营性建设用地入市增值收益分配机制。在总结大足、郫都、泸县集体经营性建设用地入市试点经验基础上，探索建立成渝地区统一的入市增值收益分配制度。缩小征地范围，规范征地程序，进一步明确公共利益征地的范围和具体情形。二是将重庆农村土地交易所打造成为成渝地区双城经济圈的跨区域土地交易平台。以重庆农村土地交易所为基础，依托“互联网＋”和数字乡村建设，推动成渝双城经济圈土地市场信息网络的一体化，建立覆盖成渝地区所有城市的统一土地市场网络信息平台，及时发布土地供应情况、土地价格走势等信息，实现成渝地区土地市场信息资源共享、相关信息的公开查询和远程交易，通畅信息流通，为发挥市场在土地资源配置中的基础性作用奠定信息基础。

2. 推动产业用地市场化配置

结合国家对成渝地区双城经济圈的建设要求，加强成渝地区的沟通与合

作，积极调整完善产业用地政策，推动产业用地市场化配置，促进产业转型升级。一是健全工业用地市场供应体系。探索研究统一的工业用地出让方式、出让年限、价格标准。完善产业用地租赁、弹性年期出让、先租后让、租让结合制度，提升开发区土地节约集约利用水平。开展工业项目“标准地”出让试点，实行土地全生命周期管理，加强建设项目批后监管，构建土地监管共同责任机制，及时淘汰落后产能、“僵尸企业”，提高土地利用效率，挖掘存量用地潜力。二是探索增加混合产业用地供给。按照新型城镇化“产城融合”要求，综合考虑产业集聚发展趋势及新型用地主体（特别是创业型用地主体）多元化的用地需求，创新土地使用方式，推动不同产业用地类型合理转换，实现产业用地“混合型、复合化”利用，如产业园区除办公空间外，应规划预留酒店、咖啡厅、健身房等配套设施建设用地。

3. 鼓励盘活存量建设用地

充分运用市场机制，创新城镇低效用地再开发模式，大力开展闲置土地和批而未供土地处置，多渠道盘活国有企业存量土地和低效用地；深化农村宅基地制度改革试点，为乡村振兴和城乡融合发展提供土地要素保障。一是探索建立低效闲置用地信息库。联合成渝两地经信委、规自局、统计局、国资委等相关部门，进一步打通数据接口，实现产业发展数据与土地信息资源共享，以确保用地规模和政策符合产业定位和经济发展需要。二是推进国有企业存量用地盘活利用。探索建立盘活国企低效用地的分类激励机制。针对大型省（市）属国企及央企，鼓励实行“一揽子”开发计划，由所在地区政府与相关国企协商整体改造或开发方案，并制定相应的优惠政策，如免补土地出让金等。针对有意愿开发改造但缺少注资动力的国企，政府可通过鼓励民间注资或直接注资等方式，盘活用地。三是深化农村宅基地制度改革试点。坚持依法、自愿、有偿的原则引导农民退出宅基地，在充分保障农民宅基地合法权益前提下，鼓励农村集体经济组织及其成员和社会企业通过自营、出租、入股、合作等方式盘活利用闲置宅基地和住宅。深入推进建设用地整理，以城乡建设用地增减挂钩政策为基础，继续深化地票制度改革，为乡村振兴和城乡融合发展提供土地要素保障。

4. 完善土地管理体制

增强土地管理灵活性，探索建立成渝地区建设用地、补充耕地指标跨区域统筹制度和交易机制，构建成渝地区城乡土地统一规划管理体系。一是强化土地资源统筹管理。探索建立跨区域统筹用地指标、盘活空间资源的土地管理机制。建立统一的建设用地指标管理机制，统筹平衡年度土地收储和出让计划。依法推进农村集体经营性建设用地入市改革，盘活区内土地存量。二是推动土地供应和利用精细化管理。强化土地供应量、开工建设情况的分类动态监测。推进成渝地区土地出让金跨省统筹，研究建立存量税收留存各地、增量税收按照比例分成的税收分配制度，设立以区域土地出让金为资金来源的专项建设资金。三是推进成渝地区土地制度及政策一体化建设。研究建立成渝地区统一的区域土地制度，破除土地资源流动障碍，合理布局与规划土地利用结构、基础设施建设、资源开发利用和环境整治保护；建立统一的土地政策，减少税收、吸引外资等多方面政策优惠差异，避免恶性竞争。探索设立跨行政区域的土地执法机构，以协调不同地区的土地政策和行政行为，统一执法，促进无差别土地法律政策环境的形成和土地资源的优化配置。四是探索跨区域指标交易。建立跨长江流域生态补偿机制，争取国家支持开展成渝地区双城经济圈与长三角城市群土地指标跨省调剂交易试点。依托重庆农村土地交易所，将成渝地区双城经济圈产生的城乡建设用地增减挂钩节余指标、耕地占补平衡指标等上市交易，长三角相关省（市）可购买相关土地指标，用于自身建设和发展。探索生态地票在成渝地区双城经济圈全面推广，促进生态区人口向重点发展区转移，拓展土地要素市场。

（二）劳动力要素市场

打破区域、城乡壁垒，畅通劳动力社会性流动渠道，促进公共服务保障协同，全方位开展人才引进和培养合作，构建规划统一、政策协同、标准互认的成渝劳动力要素市场，为成渝地区双城经济圈高质量发展提供强有力的人才支撑。

1. 进一步深化户籍制度改革

促进劳动力从农村加快向城市转移，在城市之间自由流动，进一步深化户籍制度改革、消除地域身份歧视和限制至关重要。一是全面放开放宽城市落户限制。对乡转城和成渝范围迁居人口，降低落户门槛，简化落户程序，试行以经常居住地登记户口制度。根据户籍制度改革进程逐步修改和调整《户口登记条例》，使之与现行户籍管理制度逐步匹配，避免法律不完善带来的改革阻力。有序推进农业转移人口市民化，建立教育、医疗、住房等基本公共服务与常住人口挂钩机制，推动公共资源按常住人口规模配置。二是共同推进社会保险服务政策协同。重点推动养老保险关系转移接续，探索“只转关系、不转资金、统一结算”方式，简化办理手续，优化办理流程，加强与国家公共服务平台对接。加快推动两地互认失业保险参保关系及参保年限的实施，实现“跨区域、同待遇”领取失业保险。三是促进人力资源在区域间自由流动。营造公平就业环境，依法纠正身份、性别等就业歧视现象，保障城乡劳动者享有平等就业权利。促进流动人员人事档案管理服务协同，以高层次人才为重点探索建立户口不迁、关系不转、身份不变、双向选择、能出能进的人才柔性流动机制。

2. 共建一体化人力资源市场

打破“各自为政”的固有思维，从成渝地区双城经济圈战略出发，以“一体化”为核心目标，共同打造西部规模最大、最具影响力的人力资源市场。一是建立人力资源服务许可互认和从业人员职业资格证互认制度。对在一地已取得人力资源服务许可的人力资源服务机构，在另一地从事相关业务或设立分支机构的，由审批制度改为备案制度。对于从事人力资源服务的人员，其取得的从业人员职业资格证或相关培训合格证可以相互认可。二是统筹布局川渝两地省级人力资源产业平台。根据成渝产业协同布局规划，统筹规划人力资源产业平台布局，重点在成渝结合部地区和重要节点城市规划建设一批园区（市场），联合举办人才招聘会和西部人力资源服务博览会，共同增强对西南地区人力资源辐射集聚能力。三是建立多层次、常态化交流协商机制。建立两地人力资源服务业发展联席会议制度，交流人力资源市场建设与管理情况，对交流合作中存在的重大问题、重要事项进行沟通协商。鼓励不同层级的人社部门、人力资源市场、产业园区平台、中介服务机构等开展项目合作、互访交流。

3. 加强两地就业服务政策协同

加强两地就业统计制度、服务政策的对接和协同，为流动劳动力提供精准化、无差别的就业（创业）服务。一是完善就业统计管理制度。强化人社部门关于劳动力就业的各项统计指标收集、整理、分析和报送等工作，构建就业统计的标准化指标体系，加快促进人力资源中介机构等市场力量参与劳动力市场统计工作，形成政企合作的就业大数据统计机制。二是建立就业失业信息共享协作机制。完善两地公共就业信息系统，增加数据系统对接接口推动信息系统互联，实现各类用工信息、求职信息、就业监测数据、重点就业群体信息、失业登记信息等共享，减少纸质证明、证书使用，为精准提供公共就业服务、落实就业扶持政策奠定基础。三是建立就业创业服务共享协作机制。推动劳动力调查协作，同步收集、发布企业用工信息和求职者信息，共享企业用工监测信息，联合举办各类线上线下专项行动和招聘活动。共建共享创新创业孵化基地、创业导师库、创业项目库，加强两地创业培训师资交流，共同开展创业培训，共同争取重大项目（事项）支持。四是建立职业培训协作机制。明确两地就业服务管理机构，落实专人，建立沟通协调机制。共享职业培训信息，引导两地劳动者针对性参加各类职业培训。加强沟通交流合作，分享成果经验，共同研究问题，协同推进两地职业培训工作，促进两地劳动者就业创业。

4. 健全标准互认的技能评价制度

以创新和协同为抓手，建立健全标准互认互采的两地职业技能评价制度，加强人才激励、助推柔性化流动。一是以职业能力为核心创新评价标准。进一步打破户籍、地域、身份、档案、人事关系等制约，畅通非公有制经济组织、社会组织、自由职业等继续教育、专业技术人员职称申报等渠道，制定公平公正的职业能力评价标准。完善技术工人评价选拔制度，探索实现职业技能等级证书和学历证书互通衔接。二是推动职称网上互查互认、证书通用。联合构建成渝地区特色产业职业体系，推进职业技能等级证书、专项职业能力考核证书互认。建立专业技术人才职称互认机制，推行职称电子证书，实现职称网上互查互认、证书通用。两地就专业领域、特定群体每年定期开展技能大赛、文体赛事等，推动赛事评选结果互认。

5. 全方位开展招才引智合作

服务成渝地区双城经济圈“两地两中心”的建设目标，两地携手加大招才引智力度，打造高层次人才安居乐业家园。一是加强高层次人才引进和利用合作。加快建立区域性高层次人才引进利用平台，推动两地在人才征集需求发表、信息库开发建设、智力资源共同享有、推进人才交流等方面加强协作，促进智慧化共引共享，探索建立高层次人才两地共用机制，提高人才招引效率和利用效益。二是完善高层次人才服务的制度安排。加快推出高层次人才住房保障、子女教育、养老医疗等相关制度保障，重点针对海外高层次人才，打造一批国际社区、国际学校、国际医院，为其创新创业和生活定居提供便利。进一步营造更加开放、自由、包容、和谐的社会文化环境，打造宜业宜居的优质生活圈，吸引更多国际化、高层次人才向成渝地区聚集。

（三）资本要素市场

立足成渝地区双城经济圈建设，围绕成渝地区共建西部金融中心、重庆建设内陆国际金融中心，加快促进金融资产类、大宗商品类、权益类等资本要素市场一体化发展，着力完善要素市场体制机制，促进各类资本要素跨区域自由高效流动。

1. 设立西部大宗商品期货交易所

成渝地区是西部陆海新通道三条主通道所在，重庆更是西部陆海新通道的国际物流和运营组织中心，随着后期我国和东南亚地区的更多物流、贸易流通过成渝地区进行分拨中转，有必要提前计划设立商品期货交易所，发挥金融资源配置和风险规避功能。我国现有五家期货交易所分布在华中、华东、华南和东北，成渝地区应积极争取设立我国西部地区首个商品期货交易所。一是依托地方优势选择大宗商品品类。依托川渝地区丰富的天然气、页岩气资源，以及重庆铝产业基础，探索设立天然气期货、再生铝期货等国内空白品种。围绕铁矿石、特色农产品、酒类等西部陆海新通道主要物流品种，立足成渝两地资源禀赋优势，研究设立面向东盟市场的铁矿石、农产品、酒类等商品期货。二是促进期货业务多元化。开展现货交易、期货交割，以及仓单业务、衍生品业务等服务，力促期货市场与商品现货市场联动发展。特别是利用现有国家级重庆油气交易中心，加强天然气现货交易与期货交易的联动，引导形成区域性天然气价格指数。推动西部期货交易所与其他现有期货交易所合作，优化交割机制，争取在成渝地区配置更多期货交割库。引导成渝两地大宗商品类要素市场整合重组、互设分支机构，进一步丰富交易品种，把商品期货市场做大做强。

2. 升级打造金融资产类交易所

相较于东中部地区，西部地区获得的全国资本市场资金份额较少。为更好地服务“一带一路”和西部大开发战略，有必要在成渝地区升级打造金融资产交易市场，丰富金融产品交易品类，在更广范围提升资本聚合能力。一是争取设立西部证券交易所。积极推动成渝两地区域股转中心“双城通”，争取联合设立西部证券交易所，辐射整个西部地区。对接中西部地区和“一带一路”国家和地区多层次资本市场的合作机制，积极推进交易所交易制度创新，探索开展各类资产支持证券、证券融资、股权众筹、创新类债券、投资基金、股权交易转让以及企业境外上市辅导、技术信息合作等业务，探索发行西部陆海新通道建设专项债券，面向企业提供特色多元化资本市场服务。二是共建多元化投融资平台。充分发挥重庆作为西部陆海新通道国际物流组织和运营中心的功能，由重庆牵头在成渝地区联合打造综合性国际保险服务平台、国际供应链金融服务平台以及国际金融结算平台，为国际通道物流提供多元化金融服务。支持重庆建设国家级保险资产交易平台、再保险交易所、保险行业资产托管中心，研究推进中保保险资产登记交易系统，为境内外保险资管产品提供登记、托管及交易服务。探索打造成渝市场化债转股平台，并与两地银行、证券、保险、基金、AMC 资产管理以及地方股转中心等金融机构形成联动。推动成渝融资租赁市场联动，共同研究针对飞机、高端装备、医疗设备等的跨境融资租赁业务。

3. 建设成渝区域产权交易共同市场

发挥成渝两地产权交易市场比较优势，切实整合资源，推动信息互通、业务互促、市场共享，共同搭建区域产权交易共同市场，提升西部产权交易影响力。一是促进成渝两地联交所协同发展。依托成渝两地联合产权交易所，重点推动成渝公共资源交易平台和资源要素市场业务合作与协同发展。构建完善成渝两地跨区域、跨平台的信息共享、市场联动、交易协同机制，切实降低市场主体交易成本，推动完善远程异地评标、评审等机制，共享完善区域专家资源库。在国有产权交易、诉讼资产处置等各类产权交易领域建立成渝地区开放共享、协同发展的市场体系，促进资源要素跨区域有序流动和优化配置。二是促进专业性要素市场业务协同。目前成渝地区均设立了文化产权、知识产权、农村产权等领域的专业性权益类要素市场，应紧密结合两地产权交易需求，聚焦成渝地区双城经济圈建设重点内容，推动成渝两地要素市场在业务信息共享、业务办理流程和交易模式协同互认、碳排放权等交易产品创新合作等方面积极探索，着力促进成渝地区企业共享共用两地产权交易市场，在更广范围内有效配置资源。

4. 完善资本要素市场运行体制机制

在资本要素市场所有制改革、金融配套服务以及信用信息共享等方面着力完善要素市场化运行机制。一是推进资本要素市场所有制改革。积极推动成渝两地资本要素市场进行股份制、公司制改造，推行股权多元化改革，积极引入战略投资、社会资本投资，探索开展混合所有制改革，鼓励社会资本和国有资本交叉持股资本要素市场，推动要素产品的定价机制、机构准入和运作模式等按照国际化惯例、市场化规则来推进，减少政府干预。二是优化资本要素市场金融配套服务机制。着力构建优化为资本要素交易配套的融资租赁、基金管理、资本管理和运营创新要素等资本创新服务体系，支持成渝两地融资担保、资产评估、金融咨询、保险中介、第三方支付、信用增级等金融服务机构跨区经营和拓展市场，加强与成渝资本要素交易平台的业务合作，促进提升资本要素市场经营和服务效率。三是构建跨区域信用信息共享机制。探索建立一体化、市场化的成渝地区信用体系，完善跨区域市场主体信用信息共享机制。引导成渝两地各类征信机构、评级机构之间加强交流和合作，大力发展跨区域的征信市场和评级市场。加强成渝两地资本要素市场风险协同监管，提升成渝两地跨区域金融市场风险监测、预警和处置能力。

（四）技术要素市场

成渝两地技术要素市场发展程度不同，经济社会发展需求不同，推进技术要素市场一体化建设需要双方“求同存异”，谋求一体化建设的契合点。

1. 强化顶层设计，引导技术要素市场化政策改革

两地制度设计需要把携手落实国家科技战略放在首位，引导技术要素协同向先进生产力集聚。一是建立共享合作的体制机制。重庆市政府与四川省政府要共同建立川渝技术合作办公室，对接国家规划，共同制定技术合作三年行动计划（2021—2023 年），把《进一步深化川渝科技创新合作　增强协同创新发展能力　共建具有全国影响力的科技创新中心框架协议》等一揽子合作协议落实到具体项目上并付诸行动。重庆市发展改革委和四川省发展改革委共同制订成渝地区双城经济圈国家技术要素市场一体化改革试验区方案。两地科技、教育、工业等行政部门共同向国家有关部门申请重大科技基础设施和科技项目布局、重大产业技术联合攻关等。二是在战略新兴产业集群和

重大产业技术方面出台协同创新的政策。政府科技资源配置向川渝产学研联合体倾斜。政府科技服务采购接受川渝企业联合体投标。地方政府产业政策向“研发＋制造（中试）”的川渝企业供应链或产业链倾斜，支持企业和高校在两地建立“1＋N”技术体系。推进重庆市科技资源共享平台和四川省科技资源共享服务平台互联互通。三是清理地方政府封闭型政策壁垒。在技术交易、招投标、技术项目申报、技术资格认证等领域废除排他性的政策壁垒或政策“隐形门”。着力消除地方财政对技术交易市场、知识产权交易平台等不合理的财政补贴或奖励。

2. 协同推进科技成果转化市场化改革

两地加强科技成果市场化改革协商，确定改革方向，规范工作程序。一是共建通行通用的技术成果评价标准。支持国家技术转移中心西南中心牵头起草《科技成果评价规范》，将该规范作为川渝两地评价科技成果重要的地方标准。支持国家知识产权运营服务体系建设重点城市——重庆市江北区和四川省成都市共同起草《知识产权评价规范》，将该规范作为川渝两地评价知识产权重要的地方标准。以上两条标准将作为获取投资、许可、转让、合作中对技术成果价值的重要评判依据。二是共同推进职务科技成果产权改革。两地科教行政管理部门共同协商科研院所职务科技成果产权改革事宜，统一规范所有权比例原则和确权程序。在国有企业混合制改革中，共同引入试点单位职务科技成果，支持职务科技成果入股。三是共同推进知识产权综合管理改革。实现两地高新技术产业开发区在知识产权数据信息资源方面开放共享。促进重庆市江北区和四川省成都市开展知识产权审查合作，共建国家知识产权运营服务体系。建立执法协作机制，开展知识产权联合执法，共同打击知识产权侵权行为。促进知识产权服务业合作，共同培育知识产权人才。

3. 建立互联互通的技术交易市场

以市场交易为核心，对交易规则进行规范统一，促进交易信息流通，提供跨平台的交易服务。一是建立技术交易市场工作网。推进国家技术转移中心西南中心、西南联合产权交易所、成都知识产权交易中心、重庆联合产权交易所四个交易市场技术成果（含知识产权）转移转化工作网络建设，促进四个交易所线上线下服务、展示、交易等业务互联互通。把两地的国家技术转移示范机构、国家级创新驿站、国家级科技企业孵化器、国家备案众创空间、国家高新技术企业纳进四个交易所会员单位，实现“一所入会、四所业务共享”。二是统一技术市场服务规则。共建技术市场交易联盟，由联盟统一制定市场交易结算制度、服务机构资格或资质认定、服务类别和收费标准、自律监管等市场规则。促进技术市场交易信息开放共享，破除两地技术成果流动的信息壁垒。共同遴选技术市场高级专家库，培养技术经纪人、技术经理人、代理等市场服务人才。开展信用联合惩戒，实施限制交易。三是建设智能化市场交易平台。针对年交易额超过 1 亿元的重点交易平台，在交易、查询、结算、信用等服务方面，运用云计算、大数据、区块链等信息技术，提升智能化水平。

4. 共同打造区域性技术转移平台

围绕重点领域，共同打造服务成渝地区双城经济圈、辐射西南地区的技术转移平台，配套科技金融融合服务。一是面向重点产业集群，打造一批具有行业影响力的特色化技术转移平台及服务体系。部地合作方面，争取科技部进一步支持川渝两地共建国家技术转移西南中心交易平台体系和成德绵国家科技成果转移转化示范区。重庆方面，加强与四川省合作，共同打造两江新区智能汽车技术和电子信息技术转移平台、巴南区生物医药技术转移平台、重庆市科学技术研究院军民融合创新服务平台、重庆联合产权交易所等技术转移平台。四川方面，携手重庆，共同打造成都市轨道交通技术转移平台、中医药技术转移平台、食品技术转移平台、数字新媒体技术转移平台，成都知识产权交易中心，西南联合产权交易所，德阳市智能装备技术转移平台、绵阳市新材料技术转移平台等技术转移平台。二是共同提升技术转移机构服务能力。立足技术转移平台特色化发展方向，相互支持提升国家技术转移示范机构服务质量，提升高校、科研院所专业化技术转移机构服务能力；设立培训基地，共同培养职业化技术经纪人或技术经理人。三是提升跨区域科技金融融合服务动能。推动成渝共建国家金融科技认证中心，支持优秀金融科技企业和研发创新团队，围绕人工智能、大数据、云计算、区块链等底层关键技术，形成一批知识产权和专利，促进金融科技资源要素聚集和自由流动。两地共建新兴产业投资基金，吸引国内外创新资本，面向国内和川渝两地，共同投资集成电路产业、智能产业、新材料产业和数字产业。以资本市场为纽带，两地共同支持科技型企业上的创业板和科创板，促进两地建立高科技产业合作机制、大数据智能产业协作机制和高新技术产业联盟，建立知识产权执法协作机制。促进重庆两江新区和四川天府新区、重庆高新区和成都高新区的科技金融服务平台对接，为科技型中小企业开展知识产权质押融资、融资担保、贷款贴息等科技金融服务，为中国西部（重庆）科学城实体单位提供服务。对两地企业年金、社会资本等以合法方式投资对方的科技类上市公司，不设置特殊壁垒。四川省支持重庆建设西部金融科技中心。重庆市支持四川省扩大金融科技试点。

5. 共建技术全产业链，拓展区域科技合作

围绕产业链，共同开展区域技术合作，推动与“一带一路”国家的技术要素跨境流动。一是共建科技创新合作示范区。推动中国西部科学城共建国家级重大科学基础设施、重点实验室和工程研究中心。在智能汽车、高端装备、人工智能应用、新材料、新能源、绿色食品等领域创建国家区域技术合作基地。二是扩大国际科技合作基础。促进川渝两地重点产业链骨干企业与国际科技合作基地对接，在国际科技合作项目上共同开展联合攻关，对发展中国家实施技术援助项目。支持大型企业集团在国外优化布局研发中心，建立跨国研发网络。川渝共办中国国际智能产业博览会或具有政府背景的国际智能产业峰会。三是共建国际技术服务转移中心。面向中日韩自由贸易区，川渝共建汽车、电子、半导体、新材料等跨国科技服务平台和技术转移中心。

面向区域全面经济伙伴关系（Regional Comprehensive Economic Partnership，RCEP），川渝共同在东盟国家布局农业、食品、汽车、纺织服装等产业技术服务平台和技术转移中心。在中新（重庆）战略性互联互通示范项目下，开展中国—新加坡创新要素跨境便利流动试点，吸引四川科技资源共同开展金融科技、产业技术等项目合作，并在新加坡设立研发服务中心。四是建立一体化技术出口产业链。发挥汽车、轨道交通、机电机械、能源、建筑、农业等技术优势，川渝共建"研发+制造+出口+跨境服务"一体化技术出口产业链。

专栏1-4　技术要素市场一体化建设重点项目

一、体制与机制

建立川渝技术合作办公室。制定川渝技术合作三年行动计划（2021—2023年）。制定成渝地区双城经济圈国家技术市场一体化改革试验区方案。建立高科技产业合作机制、大数据智能产业协作机制、技术市场交易联盟、高新技术产业联盟、知识产权执法协作机制。

二、市场化改革

重庆市科技资源共享平台和四川省科技资源共享服务平台互联互通。统一制定《科技成果评价规范》《知识产权评价规范》。共建国家技术转移西南中心，推进西南联合产权交易所、成都知识产权交易中心、重庆联合产权交易所等交易市场互联互通。打造一批服务成渝地区双城经济圈的具有行业影响力的特色化技术转移平台及服务体系。统一技术市场服务规则。共建新兴产业投资基金。培育创业板和科创板企业。重庆两江新区和四川天府新区、重庆高新区和成都高新区的科技金融服务平台服务对接。

三、区域科技合作

以中国西部科学城为引领，共建科技创新合作示范区。面向"一带一路"国家共建国际技术服务转移中心。共建"研发+制造+出口+跨境服务"一体化技术出口产业链。

（五）数据要素市场

着力推动成渝地区双城经济圈政务数据跨区域开放共享，加快培育数据要素市场，充分挖掘社会数据资源价值，完善数据确权定价机制，加强数据资源整合与安全保护，促进数据高效有序流动以及资源价值提升。

1. 构建统一数据开放共享标准

探索建设成渝地区双城经济圈数据共享清单，统一数据标准，推动数据共享平台全方位对接。一是推动成渝地区数据标准化、清单化、集成化管理。统筹推进成渝地区双城经济圈各级政府数据开放共享和跨区域数据流动清单化管理，构建成渝地区政务数据资源目录体系，统一数据字段标准，加强政府数据归集，促进数据资源开放和安全自由流动。建立健全公共数据跨区域开放制度，基于数据资源目录体系制定各地区、各部门数据开放目录，明确具体数据开放计划，通过数据开放平台，逐步向成渝地区开放原始性、可机器读取、可供社会化再利用、安全可控的数据集。鼓励社会、企业积极参与数据采集，对来自政务、物联网和互联网等不同来源的数据资源，建立行政收集、网络搜集、有偿购买、无偿捐赠、传感采集等多种方式并存的数据资源采集机制，不断丰富和汇集数据资源。二是推动数据资源体系架构对接统一。按照“统一建设、共享使用”的集约化建设模式，整合成渝地区现有电子政务基础资源和基础数据库，有序推进和建设成渝地区统一的政务数据资源开放共享平台，完善成渝地区数据资源体系总体架构、资源目录、标准规范和交换共享规则，推动形成“目录清晰、层次分明、标准统一、融合汇集”的数据资源体系。制定覆盖元数据格式、数据编目、数据交换、数据接口、数据采集、访问方式的基础数据采集、管理、共享、交易的标准规范和管理制度。建立基于数据链的数据导入接口规范、元数据管理、主数据管理、数据质量评价、敏感数据使用等标准。

2. 建立数据确权定价协同机制

数据确权定价是数据交易的前提，目前成渝地区在数据确权定价方面的探索仍不够深入，亟须建立统一的数据要素确权体系，制定统一的数据定价标准和规范，明确数据的归属权限和价值，促进数据在有序流通中释放潜在价值。一是建设统一的数据要素登记确权体系。探索建立成渝地区双城经济圈数据要素登记确权体系，对各部门、企业和个人产生的原始数据、脱敏化数据、模型化数据和人工智能化数据的归属权限进行界定和流转要求管理，形成数据产生、运用、采集、存储、监测、收益、统计等各环节、全方位确权框架。围绕大数据应用和资产确权，发展大数据资产身份认证、保护产品和服务，推进数据资源资产化。二是制定统一的数据定价标准和规范。在遵循成渝地区市场规律的前提下，从区域协同发展角度出发，推动数据共享平台、数据中心、大数据企业等拥有一定数据资源的主体探索建立数据要素定价体系。同时，综合考虑数据的时效、种类、时间跨度和深度，建立收益定价和成本定价、一次定价与动态定价相结合的数据要素定价规则和定价标准，最终形成适用于成渝两地的市场化撮合交易定价方式与数据资产估值模型。

3. 搭建成渝地区双城经济圈大数据交易所

探索建立成渝地区双城经济圈大数据交易所，支持构建农业、工业、城市管理、金融、物流等多领域数据开发，利用场景以丰富数据产品，促进数据资源价值提升和有序流动。一是探索建立成渝地区大数据交易所。健全数据要素市场体系，加大对成渝地区数据要素市场一体化主体的培育力度，借助中新项目和自贸区等开放平台，强化重庆国家级互联网骨干直联点功能，用好中新（重庆）国际互联网数据专用通道，推进国内外金融、物流等各类数据集成交易，建立面向全国乃至全球市场的大数据交易所。鼓励企业开展数据采集、数据清洗、数据交换、数据共享等商业模式创新，依托大数据交易所开展数据增值服务，支持拥有数据的机构、企业通过成渝地区大数据交易所进行数据资源的资产化运营。二是充分挖掘数据资源价值。培育数字经济新产业、新业态和新模式，推动建设数字信息技术基础设施，持续完善工业互联网、物联网和人工智能等新一代数字信息基础设施，推进数据资源整合和开放共享，支持构建成渝地区农业、工业、交通、教育、安防、城市管理、公共资源交易等领域规范化数据开发利用场景，挖掘提升数据资源价值，丰富数据产品。

4. 构建数据安全保护协同机制

协同推进成渝地区双城经济圈数据安全保护顶层设计，强化数据安全制度保障，建立跨区域数据流动规范和风险防控机制，推动数据安全技术能力建设，提升数据使用的规范性及安全性。一是探索构建成渝地区双城经济圈数据要素的安全保护法律法规。建立成渝地区数据要素协同安全保护法律法规，明确成渝地区数据在采集、使用、处理、交易和退出上的安全要求，着力提升数据保护能力和水平。对各类数据实行分级保护，依据数据敏感度以及可用性制定针对性安全保护策略。建立和完善数据安全管理规则、管理模式和管理流程，切实保障数据传输安全、数据存储安全、数据审计安全和数据利用安全。二是建立健全成渝两地数据跨区域流动规范以及风险防控机制。探索构建成渝地区数据跨境流动规范，切实提升跨区域数据流动风险防控能力。建立数据市场安全风险预警协同机制，全方位提升成渝地区双城经济圈数据安全事件应急解决能力。三是强化数据安全技术能力建设。推动各级政府及企业运用AI等先进技术提高数据安全保护技术水平，在成渝两地建立统一高效、协同联动的网络安全管理体系，设定数据分级保护和数据安全管理原则，增强数据资源使用的规范性和安全性。

七、对成渝地区双城经济圈要素市场一体化发展的对策和建议

坚持全面深化改革，坚决破除制约成渝地区双城经济圈一体化发展的行政壁垒和体制机制障碍，健全成渝要素市场一体化的顶层设计，不断完善要素市场化配置，形成要素自由流动的统一开放市场，通过成渝两地协同建立重大平台、重大项目促进要素市场一体化发展，加快推动各类要素市场政策协同对接，显著增强成渝各类要素市场的集聚辐射度和竞争力，切实发挥要

素市场价格发现、资源优化配置、维护市场秩序和服务区域经济的核心功能。

（一）建立健全成渝地区双城经济圈要素市场一体化的顶层设计

建立健全成渝地区要素市场一体化的顶层设计，强化组织协调，建立有效的一体化发展新机制，抓好督促落实，全面促进成渝地区要素市场一体化发展。一是推动成渝地区相关规划一体化发展。加强两地国土空间规划体系的衔接，以统一规划基期、规划期限、规划目标及核心指标等为引领推动形成区域空间规划协调发展。加强两地交通规划协同共进，推动规划一体建设同步，加快推动出渝出川重大通道建设，补齐以交通为核心的基础设施领域短板。加快成渝地区双城经济圈跨区域要素市场规划对接，统一规划管理，创新各类要素市场规划编制审批模式，探索建立成渝地区双城经济圈内统一编制、联合报批、共同实施的规划管理体制，加快完善和编制成渝两地各类要素交易一体化发展中长期规划，指导要素平台发展和战略布局。二是加强一体化组织领导。依托两地推动成渝地区双城经济圈建设领导小组，建立要素市场一体化重点领域制度规则和重大政策沟通协调机制，实行定期会晤制度，适时组织开展评估，协调解决要素市场一体化过程中存在的问题。全面实施市场准入负面清单，实行统一的市场准入制度。加强政策协同，在企业登记、土地管理、环境保护、投融资、财税分享、人力资源管理、公共服务等政策领域建立成渝两地政府间协商机制，根据达成一致的意见形成协同方案，由各级政府依据协同方案制定相关政策措施。三是加强要素市场一体化试点和经验推广。以项目为载体探寻成渝两地要素市场一体化试点，根据不同要素属性、市场化程度差异和经济社会发展需要，尊重客观规律，因地制宜，稳步推进两地要素市场一体化。现阶段以共建统一开放人力资源市场、资本市场及打造区域共同数据市场为重点，促进各类要素市场一体化建设。及时总结经验，及时研究改革中出现的新情况、新问题，对不符合要素市场化配置改革的相关法律法规，要按程序抓紧推动调整完善。

（二）加快要素市场化改革，促进生产要素自主有序流动

充分发挥市场在各要素流动中的决定性作用，降低要素流动的交易成本、

加快成渝地区双城经济圈要素市场一体化要促进土地、劳动力、资本、技术、数据等各项生产要素自主有序流动，以要素的自由流动促进资源的优化配置，提高要素配置效率，开辟市场核心驱动和政府高效有为的新型一体化。一是完善各类要素确权制度。保障土地、劳动力、资本、技术、数据各类要素产权得到清晰界定、顺畅流转和严格保护。补齐产权制度中的短板，完善物权、债权、股权、知识产权、数据资源等各类产权的相关法律法规制度，形成清晰界定所有、占有、支配、使用、收益、处置等产权权能的完整制度安排。二是合力探索要素市场定价规则。引导成渝市场主体依法合理行使要素定价自主权，推动两地政府定价机制由制定具体价格水平向制定协同的定价规则转变。构建成渝一体化的要素价格公示和动态监测预警体系，逐步建立要素价格调查和信息发布制度。完善要素市场价格异常波动调节机制。加强要素领域价格反垄断工作，维护要素市场价格秩序。三是探索建立统一开放的要素交易市场。打破成渝两地各级各类地方保护，破解要素交易环节存在的障碍，积极发挥成渝两地要素潜力和资源综合配置优势，积极探索建立统一、集中、规模化的各类交易市场，积极推动区域性市场建设，以成渝统一开放要素交易市场为核心增强西部地区在全国劳动力、资本、技术、数据等要素交易市场的竞争力。四是健全生产要素收益分配机制。建立健全由市场评价贡献、按贡献决定报酬的机制，着重保护劳动所得，增加劳动者特别是一线劳动者劳动报酬，提高劳动报酬在初次分配中的比重。成渝两地应全面贯彻落实以增加知识价值为导向的收入分配政策，充分尊重科研、技术、管理人才，充分体现技术、知识、管理、数据等要素的价值，成渝市场为核心增强西部地区在全国各类要素交易市场的竞争力。五是建立一体化要素交易规则和标准。加强成渝地区双城经济圈标准领域合作，推进标准互认加快实现成渝地区“市场准入异地同标”。协同建立成渝地区区域标准化联合组织，负责区域统一标准的立项、发布、实施、评价和监督。推进地区间标准互认和采信，推动检验检测结果互认，实现区域内重点标准目录、具体标准制定、标准实施监管三协同，建立层次分明、结构合理的区域协同标准体系。六是提升要素交易联合监管水平。推进成渝两地要素交易平台共享信息化建设步伐，有效提高监管的针对性和有效性，为实现成渝两地市场要素一体化发展提供基础保障，为政府决策、企业投资、市场监管与服务提供数据支撑。加强反垄断和反不正当竞争执法，规范交易行为，健全投诉举报查处机制，防止发生损害国家安全及公共利益的行为。加强信用体系建设，完善失信行为认定、失信联合惩戒、信用修复等机制。健全交易风险防范处置机制。

（三）协同建设重大平台、重大项目，促进一体化发展

结合川渝各地优势，成立各类跨区域专业化共享服务平台，建设面向西部辐射全国的各类专业要素市场，促进两地共同培育全国性的大宗商品交易平台，争取建设全国性或区域性的权益类要素交易平台。一是以重庆农村土地交易所为核心打造西部土地交易平台。充分发挥重庆农村土地交易所现有优势建设西部土地交易平台，未来发展为全国性平台。促进重庆、成都土地交易平台互联共享，建立统一信息发布和披露制度，探索土地要素交易共同市场的建立，推动建立城乡一体的土地市场，盘活闲置国企土地和农村宅基地，结合“成都东进重庆西扩”空间发展战略需求，增强经济发展的土地要素保障。二是合作共建劳动力要素交易平台。提升重庆、成都人力资源服务产业园服务功能，运营开发省（市）内人力资源市场的同时面向西部地区探索人力资源市场的合作和发展，完善柔性引才机制，优化人力资源配置，整合就业信息渠道，推动人才资源共享，在人力资源产业、加强人才培养、加大成渝人才合作方面谋求更大合作。三是努力筹建统一资本要素交易平台。依托重庆建设内陆国际金融中心的机遇，推动成渝地区共建西部金融中心，积极谋划重庆国际结算金融中心、西部供应链金融公共服务平台、科技金融交易平台。积极争取设立我国西部首个大宗商品期货交易所，促进重庆金融资产交易所和四川金融资产交易所合作，提升建设成为全国性交易平台，将西南联合产权交易所、重庆联合产权交易所建成西部地区性交易平台，将重庆航运交易所建设成为长江上游地区的交易平台。四是加快两地技术要素平台相互促进。两地共同推动建立国家技术转移西部中心，支持川渝科技企业与高校、科研机构合作建立技术研发中心、产业研究院、中试基地等新型研发机构。加快推进应用技术类科研院所市场化、企业化发展，支持高校、科研机构和科技企业设立技术转移部门。五是抓紧构建统一数据要素交易平台。结合重庆作为全国互联网数据骨干直联点、国家数据经济创新发展试验区的机遇，加快推动川渝两地数字信息基础设施建设，持续完善工业互联网、物联网和人工智能等新一代数字信息基础设施，推进数据资源整合和开放共享，探索建立统一的大数据交易所、公共数据开放网等数据共享交易平台，构建区域性国际数据交换中心。

（四）加快推动成渝各类要素市场政策协同对接

推动要素市场的一体化发展需要相关配套改革的协同推进，才能最大限度地发挥要素市场化配置改革的经济社会效应，最大限度地避免要素市场化配置改革的体制性障碍。一是营造促进要素市场一体化的政策环境。两地继续深化“放管服”改革，强化协调合作政策基础地位，打破行政性垄断、防止市场垄断，清理废除妨碍统一市场和公平竞争的各种规定和做法，进一步减少政府对要素的直接配置。深化国有企业和国有金融机构改革，完善法人治理结构，确保各类所有制企业平等获取要素。二是补齐相关法律短板。整体来看我国要素市场化程度依然较低，成渝地区双城经济圈要素市场一体化尚在推动过程中，与之相关的法律法规也不够完善，应根据要素市场化配置改革的要求，尽快在一些关键领域补齐法律法规短板。要尽快健全土地要素领域相关立法，加快补齐资本市场立法缺位，加快制定促进资本要素交易发展及改革创新的地方性法规和地方政府规章，加快数据市场相关法律法规的研究制定与适时出台。三是加快探索协调同步的财税政策。要加快与要素市场化配置改革相关的财税体系改革，重点通过建立两地协同的地方税种的培育与征收，建立地方公共财政的基本框架，破除要素自由流动障碍。构建促进两地要素流动交易的税收体系，完善要素交易的税费征收标准，研究探索要素增值部分的税收政策，形成鼓励交易和便利流动的要素税收体系。同时要建立与要素报酬合理分配相适应的税收制度，通过调节税收和完善二次分配制度构建适应生产要素由市场评价贡献、按贡献决定报酬的机制。四是增强两地要素应急配置协同。把要素的应急管理和配置作为两地应急管理体系建设的重要内容，适应协同合作的应急物资生产调配和应急管理需要，建立对相关生产要素的紧急调拨、采购等制度，提高应急状态下的要素高效协同配置能力。鼓励运用大数据、人工智能、云计算等数字技术，在应急管理、疫情防控、资源调配、社会管理等方面更好地发挥作用。五是持续推进更高水平对外开放。持续推进川渝更高水平对外开放，推动川渝要素市场与国内要素市场、全球要素市场实现发展一体和规则对接。要在完善宏观审慎管理、加强金融监管的前提下，稳步有序推动金融业双向开放。加快推动广泛的多边合作，在国内技术要素市场化配置改革过程中与国际技术转让和扩散规则对接。加快制定数据跨境开放的流动准则和监管规则，在安全可控的前提下推动我国数据市场与全球数据市场的互联互通。

专题一

成渝地区双城经济圈土地市场一体化研究[①]

① 本专题执笔人员：邓吉敏。

习近平总书记在主持召开中央财经委员会第六次会议时提出，要推动成渝地区双城经济圈建设，在西部形成高质量发展的重要增长极，这标志着成渝地区一体化发展步入具有更高国家战略定位的新阶段。2021 年 1 月，中共中央办公厅、国务院办公厅印发《建设高标准市场体系行动方案》，提出推动经营性土地要素市场化配置，开展土地指标跨区域交易试点，探索建立全国性的建设用地指标跨区域交易机制。土地要素对经济增长的贡献显著，其配置的结构和效率影响着区域产业结构的优化布局和区域经济的分工协作与协调发展。土地市场一体化正是实现土地资源最优配置的必然选择。因此，加快成渝地区双城经济圈建设，需要立足新发展阶段、贯彻新发展理念，加强两地土地统筹管理的改革联动，推动两地建设用地匹配、人地挂钩从单纯的城与乡匹配转向跨行政区域的匹配，促进土地资源的优化配置和集约节约利用，实现土地市场一体化发展。

一、土地市场一体化的相关研究

国外关于土地市场的研究明显早于国内。改革开放以来，随着我国土地制度改革的加速推进，学者对土地市场方面的相关研究越来越关注，主要围绕土地市场的发育、发展及对经济社会的影响等方面。

（一）关于土地市场的研究

1. 国外研究方面

关于土地市场的研究始于美国经济学家伊利（R. T. Ely）和莫尔豪斯（E. W. Morehouse）合著的《土地经济学原理》（1924 年），该书从经济、社会、自然、法律等方面，对城市土地和农村土地的特征及关系进行了研究论证。1958年，美国土地经济学家巴洛维（R. Barowe）在《土地资源经济学》（1958年）一书中，对资源经济与土地经济的关系进行了系统阐述，并总结出不动产市场的主要特征。进入21世纪，随着城市的不断扩张，土地市场竞争日趋激烈，更多学者开始关注和研究城市土地利用、城市土地市场与不动产权及政府土地供给等领域。例如，Deininger等认为公平的土地市场，有利于促进农民收入增长，进而消除贫困。Stephen等认为土地拍卖当日股票市场预期收益波动可以反映土地市场的竞争性，土地市场并不是完全竞争的市场，其竞争性的高低受到政府土地供应强度、产权流动性等因素的影响。Ferenczi等认为土地市场的运行效率受政策、产权、规划、信息等因素影响明显，如果信息不对称或不充分、规划不合理、产权不清晰，将可能导致土地市场低效运行。Frame认为土地价格是反映土地市场发育状况的重要因素，土地效益和城市人口对土地价格形成机制起到关键作用。

2. 国内研究方面

改革开放后，随着土地供给制度从无偿划拨到有偿使用的转变，我国土地市场逐步发展、不断完善。越来越多的学者开始关注土地市场的发育程度、发展水平及对经济社会的影响。在土地市场测度方面，普遍采用的方法有两种，一是根据土地出让的面积和价款的占比来评价土地市场的发展程度；二是根据土地市场内涵，通过建立指标体系来评价土地市场化水平。部分学者运用这两种理论和方法，对长江带、珠三角、长三角及京津冀等地区土地市场的城乡分割或区域分割水平做了测算。在土地市场影响效应方面，部分学者围绕土地市场对区域或城乡一体化、经济社会发展、城乡收入差距等的作用和贡献做了分析论证。如陈坤秋等认为城乡土地市场在不同的发展水平和阶段，对城乡融合发展的影响效应是不同的。现阶段我国城乡二元体制背景下，土地市场会阻碍城乡融合发展；但当土地市场化水平提高至89%以上，便可摆脱“低水平陷阱”，转而对城乡融合发展产生促进作用。

（二）关于城市土地市场的研究

城市土地市场的发展程度、发展水平及市场结构等直接影响城市土地利用的效率和结构。从对土地利用效率的影响研究来看，市场是资源配置的前提和基础，也是提高土地利用效率、实现城市土地集约节约利用的关键。部分学者基于替代效应、市场均衡等理论，对城市土地市场与城市土地集约利用的关系、传导机制及路径方向做了深入探讨。如曲福田等通过分析政府调控与土地市场的关系和演变规律，认为政府间的不当竞争直接影响土地利用的速度、效率和强度，可能导致土地市场秩序混乱。从对土地利用结构的影响研究来看，城市土地市场通过地价竞租推动土地价格差异化发展，促进城市土地利用结构不断优化。国内外诸多研究和实践表明，地价和土地政策是影响城市土地开发和空间利用的重要因素。如新加坡作为高密度城市，其通过提高地价、出台政策来促进土地资源的高效集约利用。日本的土地政策规定面积小于1000平方米的地块开发不需要经过政府审批，有利于促进城镇土地的细碎化发展。

（三）关于农村土地市场的研究

长期以来，受我国城乡二元结构体制影响，城乡土地市场隔离，农村集体建设用地一直无法进入市场流转。在这一背景下，国内诸多学者在农村土地流转市场化的作用、特征等方面做了深入研究，农地流转率也被普遍认为是反映农村土地市场化程度的重要指标。如徐玉婷等通过对我国中部地区五省农户调查的实证研究得出，发展农村土地流转能够促进农户分化和新型经营主体的培育，有利于降低农地细碎化程度、促进农业规模化经营、产业化发展。马育军等通过构建DEA模型揭示出，农户主导、集体推动、政府引导等不同类型的农村土地流转对土地利用/覆被变化的影响程度不同。同时，部分学者认为农村土地流转会加剧农村粮食作物用地向经济作物或养殖用地转变，进而导致土地用途或功能改变。如越南的农村土地交易或租赁市场的发展加快了农村土地利用的转型。

（四）关于土地市场一体化的研究

针对土地市场一体化研究，国内外学者的关注点不太一样。国外学者主要针对区域之间的土地市场一体化研究。如 Vajda 和 Machlup 最早提出的“市场一体化”概念就是针对国与国之间的研究。国内学者则更多是针对城乡土地市场一体化的研究，主要围绕重庆地票制度、集体经营性建设用地入市，以及城乡土地市场一体化的概念、内涵、路径和制度障碍等方面。针对跨区域的土地资源配置或土地市场一体化研究则相对较少。

综上所述，土地市场一体化是城乡融合发展和区域协调发展的必然选择，它既要促进土地要素在城市与农村之间自由流动，又要促进土地要素在跨行政区域之间的合理配置。因此，土地市场一体化是指通过在城乡之间建立城乡统一的土地市场，或在区域之间建立跨行政区域的统一土地市场，促进土地资源在城乡之间或跨行政区域之间的优化配置，进而推动土地资源集约节约利用，提高土地利用效率。

二、成渝地区双城经济圈土地要素市场的基本现状

四川、重庆在土地制度改革方面一直走在全国前列，基本构建了城乡土地市场体系，城乡土地流动途径更加多元化、形式更加多样化，并形成了灵活的土地管理体系。

（一）城乡土地要素平台加快建设

成渝地区积极建设完善城乡土地要素市场体系，为促进成渝地区双城经济圈要素自由流动奠定了良好的基础。

一是基本构建了综合性的农村产权交易市场体系。成都依托农村产权交易所，构建了“1 +4”农村产权交易体系。重庆依托农村土地交易所和农村产权流转交易监督管理委员会，基本形成市、区县两级农村产权流转交易平台框架，并开发了全市农村产权流转交易管理系统，制定了运行规范和服务标准。成渝地区土地要素市场培育情况见表 2 - 1。据统计，截至 2019 年底，累计成交

农村产权 42.84 万亩[①]、23.98 亿元，抵押融资 2.4 万亩、1.24 亿元。

表 2-1 成渝地区土地要素市场培育情况

	重庆	成都
综合类	重庆农村土地交易所	成都农村产权交易所（交易所下设 4 个子公司，即龙泉驿、德阳、眉山、资阳农村产权交易有限公司）
专业类	重庆涪陵林权交易所	

二是土地要素市场化配置效率进一步提高。成渝地区积极开展国有建设用地使用权转让、出租、抵押二级市场改革试点。四川成立完善建设用地使用权转让、出租、抵押二级市场试点工作协调小组，重庆基本形成产权明晰、市场定价、信息集聚、交易安全的土地二级市场。

三是建立起集体经营性土地收益分配机制。从大足区、郫都区、泸县 3 个国家集体经营性建设用地改革试点地区看，大足区通过建立城乡统一的基准地价体系，完善入市交易程序和交易平台，健全了集体经营性建设用地入市市场交易规则和服务监管制度；通过制定土地增值收益调节金征收办法，探索出“三分两不分”的入市土地增值收益分配原则，建立兼顾国家集体个人的收益分配机制。郫都区创新推出的农村集体经营性建设用地入市交易收益“二八”比例分配规则，在国内普遍被采用。泸县田坝村依托村集体资产经营管理股份公司，建立 1∶2∶2∶5 的收益分配标准，既促进了当地经济社会发展，又提高了农民的财产性收入，成渝地区集体经营性建设用地收益分配情况见表 2-2。

表 2-2 成渝地区集体经营性建设用地收益分配机制

区（县）	收益分配机制	主要内容
大足区	“三分两不分”分配机制	“三分”是指拥有该集体经济组织农业户籍的人员分 1/3，拥有该集体经济组织的第二轮土地承包地的人员分 1/3，长期生活在该农村集体经济组织内的人员分 1/3，占 2 项的分 2/3，3 项都占全额分配。 “两不分”是指已征地农转非购买社保的人员不参加分配，空挂户人员不参加分配

① 1 亩≈666.67 平方米。

续表

区（县）	收益分配机制	主要内容
郫都区	“二八”比例分配规则	将土地净收益的20%用于集体成员现金分红，80%作为村集体公积金、公益金等，用于村内基础设施改造提升和农民旧房改造。此外，郫都区率先提出并实施了从13%~40%差别化分类定级的收取办法，此办法与其他试点地相比更具灵活性和科学性，原国土资源部和财政部据此于2016年联合下发了全国性指导意见
泸县	田坝村1:2:2:5分配标准	10%的收益用于公司员工收入和奖励有功人员；20%的收益用于田坝村基础设施建设等公共服务，如道路、土地整治、水利设施、环境卫生、社会保障等；20%的收益用于村民分红，通过转账打卡方式支付给股民；50%的收益用于公司年度发展基金，如土地流转费、项目资金入股、成立公司内部服务实体机构、成立劳动服务部，提供农村民风民俗服务、种植养殖业服务等

（二）城乡土地要素流动多元化

成渝地区在坚守国家法律法规和土地管理政策体系的前提下，以耕地占补平衡制度和城乡建设用地增减挂钩制度为制度基础，通过地票改革、农村闲置土地盘活、城镇低效用地再开发等多种途径，推进土地指标城乡有偿统筹配置，扩大盘活了土地利用空间，提升了土地利用效率。

一是地票制度改革不断深化。2008年以来，重庆探索并持续完善了独具特色的地票制度。从2018年开始，进一步拓展地票功能，允许复垦为宜林地形成“生态地票”。据统计，截至2019年底，累计交易地票31.2万亩、610.8亿元，交易生态地票4075亩、亩均价格19万元左右，入选全国“改革开放40年地方改革创新40案例”。

二是城镇低效用地再开发促进城镇建设用地有效供给增加。成渝地区稳步推进城镇低效工业用地再开发试点，助推土地集约利用水平明显提高。重庆印发了城镇低效用地调查摸底及标图建库工作方案，主城区已完成城镇低效用地调查摸底和标图建库；并利用城市边角地、插花地、夹心地等低效用地，建成社区体育文化公园50个，助推城市品质提升，被自然资源部纳入城镇低效用地再开发典型案例向全国推广。四川成都等 7 个市（县）通过探索工业用地弹性年期出让及低效、存量工业用地退出机制改革，引导和规范市场主体积极参与低效工业用地再开发利用，土地利用效率进一步提高。

三是农村闲置土地资源盘活形式多样。重庆探索发展“共建共享、以房联营、以地入股、文旅融合、网络营销”模式的巴渝民宿，盘活了农村闲置土地房屋，促进了农房增值、农业增效、农民增收。据统计，截至 2019 年底，城口、巫溪、彭水、酉阳、石柱 5 个区（县）建成 7 个扶贫民宿示范点，累计接待游客 8.94 万人次，经营收入 609.27 万元，联营贫困户年均增收 4.8 万元。四川依托美丽乡村建设和乡村环境整治，积极探索以共享民宿为代表的“乡村共享创新”模式，先后创建了彭州市宝山村、蒲江县明月村、阿坝州桃坪羌寨等一批民宿产业发展先进村，为当地农村第一、第二、第三产业融合发展开辟了新的路径，成为乡村振兴的示范样板。

专栏 2－1　重庆以巴渝民宿盘活农村闲置房屋

重庆市以巴渝民宿为载体，唤醒沉睡的乡村资源、要素和主体，盘活农村闲置土地房屋资源，作为国务院扶贫办和自然资源部典型经验推介，社会效应日益扩大。其主要做法如下。

一、创新发展模式，实现利益联结

一是共建共享。示范项目农房改造建设费用由民宿公司和贫困户共同承担，其中贫困户以扶贫搬迁、农房整宗地收储等财政性补助款和自筹资金量化投入，收益向贫困户倾斜。二是以房联营。在保障农户自住和尊重其意愿的前提下，民宿公司、农户将原址改造多出的住房用于民宿，按照统一标准、规范共同经营、管理和维护，房费收入分配联营农户占 80%。三是以地入股。示范点村社集体经济组织出地，民宿公司出资，共同组建项目公司，通过就业带动、保底分红、股份合作等多种形式，促进资源变资产、资金变股金、农民变股东，保障贫困户更多分享民宿增值收益。

二、推进市场运营，引导产业扶贫

一是实现文旅融合。巴渝民宿建设营销中，充分挖掘渝东北山水峡谷乡村景观资源和渝东南民俗文化资源，保持当地自身特色和历史建筑风貌，投资打造特色民宿村落，吸引游客体验观光，实现“文化+旅游”深度融合发展。二是利用网络营销。通过巴渝民宿门户网站、APP、微信公众服务号、微博等构成多维度“互联网+民宿”网络营销宣传体系，实现互联网营销、在线结算和信用管理，带动全市品质乡村民宿上线营销。三是汇聚社会力量。积极引导工商资本投身扶贫民宿，落实扶持政策，明确政策边界，切实保护贫困群众利益和工商资本积极性。2020年以来，民宿公司携手龙湖、金科、恒大等知名企业，在城口沿河、开州大进、巫山建坪、巫溪红池坝等深度贫困乡镇打造民宿项目，使以往闲置低效的乡村资源得到进一步整合。

三、增强“造血”功能，促进生态扶贫

一是助推贫困群众增收。民宿旅游模式进一步增强深度贫困地区的人口吸附功能，转变高寒山区旅游淡季的传统概念，增进贫困户依靠自身力量脱贫致富的信心。运营已成熟的城口亢谷项目，累计接待游客8800余人次，客房收入43.01万元，餐饮及农特产品收入约54.26万元，4户贫困户年均毛收入达到16万元，增收效果明显。二是促进自然资源增值。在巴渝民宿建设过程中，将各项政策支持、扶持项目与乡村产业发展统筹联动，将民宿发展与农村土地整治、矿山环境恢复治理等项目有机结合，有效促进农村土地房屋的增值和农业产业链的延伸。三是推动乡村文化传承。巴渝民宿建设中，尊重传统建筑风格和生活习惯，设置火塘、读书室、走马转角楼等富有地域文化特征的元素，进一步丰富乡村旅游产品供给，提升乡村民宿品质，切实增强乡土文化的生命力。

（三）土地要素管理体系不断完善

新修订的《中华人民共和国土地管理法》为集体经营性建设用地入市、农村土地征收制度改革、农村宅基地制度完善提供了法律依据，更好地保护了农民的权益。成渝地区在土地管理制度方面也做了积极探索，形成了更加灵活的土地要素管理体系，为《中华人民共和国土地管理法》修订提供了样本、经验和理论支撑。

一是土地出让管理进一步加强。分别出台《四川省关于进一步加强土地出让管理的规定》的实施意见、《成都市郫都区建设用地使用权转让、出租、抵押管理办法（试行）》、《重庆市国有建设用地使用权出让管理实施办法》、《重庆市国有建设用地使用权出让网上交易规程（试行）》等，推进国有土地有偿使用制度改革，进一步规范土地出让行为，健全土地出让管理长效机制。

二是土地利用规划不断完善。成渝地区在新型城镇化、乡村振兴等战略引导下，探索推进土地利用调查与监测、土地利用变化、土地利用评价、土地利用规划及土地利用管理等。四川调整完善所辖各级土地利用总体规划，重庆修订完成土地利用总体规划、研究编制国土空间总体规划，进一步理顺发展格局，推动省（市）域国土空间“一张蓝图”，优化土地资源布局和供给，盘活存量用地，提升城市发展建设核心竞争力。

三是土地改革试点统筹推进。成渝地区依托大足区、郫都区、泸县3个国家“三块地”改革试点区（县），有序推进农村“三块地”改革，形成了完善的土地改革制度体系。大足区形成了“1+7+8”的规范性文件和技术规范等集体经营土地入市政策体系，探索建立农村宅基地“三权分置”改革试点实施方案及3个配套实施办法，形成“依法公平取得、节约集约使用、自愿有偿退出”的农村宅基地制度；郫都区印发28个农村土地制度改革配套文件，构建了一整套较完备的规则体系；泸县研究制定了土地征收管理办法、征收目录、风险评估办法、争议调处办法等配套办法。

三、成渝地区双城经济圈要素市场一体化存在的问题

新修订的《中华人民共和国土地管理法》肯定了土地制度试点地区的改革成果，也对社会关注的一些难点、热点问题进行了回应，但部分规定仍原则性较强、弹性较大，缺乏可操作性，改革还在路上，依然任重道远。成渝地区城乡土地市场还存在规划统筹不足、联结不够、供需错配等问题，还不能满足成渝地区双城经济圈对土地要素合理流动和高效集聚的要求。

（一）土地利用规划统筹不足

从城市与农村土地规划角度看，目前成渝地区的城市规划和土地规划还未完全覆盖农村地区，村庄规划编制正在推进中，2019 年 5 月四川才正式启动村规划编制工作，重庆市规划和自然资源局目前已批复的村庄规划仅 17 个，正在修改完善的村庄规划也仅 33 个，不利于城乡土地资源的合理利用。从跨行政区域土地规划的角度看，成渝地区在空间规划上还未实现一体化发展，毗邻市（县）在功能定位、产业布局等方面仍各自为政，“同质化”竞争激烈，高铁、轨道等重大交通设施对沿线区域的引领带动还不充分，要素流通受阻，成渝城市群的紧密度还有待提高。

（二）土地利用效率有待提高

由于农村土地要素市场化不够和城乡土地市场一体化建设不足，导致城乡土地差异仍然较大。一方面，城镇建设用地和房屋可以自由买卖交易，但农村的房屋和宅基地只能在本村内部买卖，造成农村宅基地资源闲置、浪费严重，“一户多宅”、空心村、闲散地等现象大量存在；另一方面，城镇土地可以进入出让市场（一级市场）进行使用权交易，实行公开透明的招拍挂制度，而农村土地除集体经营性建设用地外，均只能进入转让市场（二级市场），与城镇土地市场处于隔离状态，农村土地无法取得与城镇土地同样的增值收益。此外，城镇低效用地利用不充分，成渝地区土地批而未供和已出让土地大量闲置的现象普遍，如重庆 2015 年以前批而未供土地达 4466 万平方

米，中心城区基本具备在2～3年内实施再开发改造条件的低效用地共238宗约464万平方米；四川南充2015年以前批而未供土地高达2397万平方米。

（三）城乡土地利用二元取向明显

新修订的《中华人民共和国土地管理法》在集体经营性建设用地入市、进城落户农民宅基地处置、闲置土地盘活利用等方面作了多项创新性规定，但由于部分规定比较原则，缺乏可操作性，农村土地及其配套制度仍以单向的城市化服务模式为主，城乡土地利用制度二元特征仍较明显。一是城乡居民获取土地使用权（经营权）的方式不同，城镇居民或企业通过市场化手段有偿取得土地的使用权，农村居民则是依据成员资格无偿获得土地的经营使用权。二是乡村人地挂钩仍然严格，只有农村户口才能申请和购买宅基地，城市户口不能购买农村宅基地。三是农村土地出让收益真正用于农村建设的比重偏少。如四川泸县田坝村集体经营性建设用地入市收益中，仅20%用于村道路、土地整治、水利设施、环境卫生、社会保障等基础设施及公共服务建设。重庆大足区对棠香、龙岗等镇街农村集体经营性建设用地入市收益中，用于村公益性项目建设、特殊群体救扶以及与扩大集体经济收入有直接关系，支出的集体留存部分也只占15%左右。此外，当劳动力跨省（市）流动就业后，现行的制度不允许其发展权跨省（市）转移，即其土地指标不能够跨省（市）流动和交易。

四、推动成渝地区双城经济圈要素市场一体化的路径及建议

要推动成渝地区双城经济圈建设，必然要通过建立统一的用地市场、推动产业用地市场化配置、盘活存量建设用地、完善土地管理体制等方式来促进土地要素在区域间自由流动和高效集聚。

（一）建设城乡统一的用地市场

按照成渝地区双城经济圈建设要求，积极推动城乡建设用地市场一体化建设，促进土地要素在成渝地区自由流动和高效集聚。

深化城乡土地制度改革。按照新修订的《中华人民共和国土地管理法》，结合成渝地区实际，积极研究完善相关配套政策制度。深化城镇国有土地有偿使用制度改革，继续深化国有建设用地使用权转让、出租、抵押二级市场改革，扩大土地有偿使用范围，完善城乡建设用地增减挂钩政策，建立健全城镇低效用地再开发激励约束机制和存量建设用地退出机制。深化农村宅基地、土地征收、集体经营性建设用地改革，探索建立统一的集体土地入市标准，创新集体经营性建设用地入市增值收益分配机制。在总结大足区、郫都区、泸县集体经营性建设用地入市试点经验基础上，探索建立成渝地区统一的入市增值收益分配制度。缩小征地范围，规范征地程序，进一步明确公共利益征地的范围和具体情形。

将重庆农村土地交易所打造成为成渝地区双城经济圈的跨区域土地交易平台。以重庆农村土地交易所为基础，依托“互联网 +”和数字乡村建设，推动成渝双城经济圈土地市场信息网络的一体化，建立覆盖成渝地区所有城市的统一土地市场网络信息平台，及时发布土地供应情况、土地价格走势等信息，实现成渝地区土地市场信息资源共享、相关信息的公开查询和远程交易，通畅信息流通，为发挥市场在土地资源配置中的基础性作用奠定信息基础。

（二）推动产业用地市场化配置

结合国家对成渝地区双城经济圈的建设要求，加强成渝地区的沟通与合作，积极调整完善产业用地政策，推动产业用地市场化配置，促进产业转型升级。

健全工业用地市场供应体系。探索研究统一的工业用地出让方式、出让年限、价格标准。完善产业用地租赁、弹性年期出让、先租后让、租让结合制度，提升开发区土地节约集约利用水平。开展工业项目“标准地”出让试点，实行土地全生命周期管理，加强建设项目批后监管，构建土地监管共同责任机制，及时淘汰落后产能、僵尸企业，提高土地利用效率，挖掘存量用地潜力。

探索增加混合产业用地供给。按照新型城镇化“产城融合”要求，综合考虑产业集聚发展趋势及新型用地主体（特别是创业型用地主体）多元化的用地需求，创新土地使用方式，推动不同产业用地类型合理转换，实现产业用地“混合型、复合化”利用，如产业园区除办公空间外，应规划预留酒店、咖啡厅、健身房等配套设施建设用地。

（三）鼓励盘活存量建设用地

充分运用市场机制，创新城镇低效用地再开发模式，大力开展闲置土地和批而未供处置，多渠道盘活国有企业存量土地和低效用地；深化农村宅基地制度改革试点，为乡村振兴和城乡融合发展土地要素提供保障。

探索建立低效闲置用地信息库。联合成渝两地经信委、规自局、统计局、国资委等相关部门，进一步打通数据接口，实现产业发展数据与土地信息资源共享，确保用地规模和政策符合产业定位和经济发展需要。

推进国有企业存量用地盘活利用。探索建立盘活国企低效用地的分类激励机制。针对大型省（市）属国企及央企，鼓励实行“一揽子”开发计划，由所在地区政府与相关国企协商整体改造或开发方案，并制定相应的优惠政策，如免补土地出让金等。针对有意愿开发改造但缺少注资动力的国企，政府可通过鼓励民间注资或直接注资等方式来盘活用地。

深化农村宅基地制度改革试点。坚持依法、自愿、有偿的原则引导农民退出宅基地，在充分保障农民宅基地合法权益的前提下，鼓励农村集体经济组织及其成员和社会企业通过自营、出租、入股、合作等方式盘活利用闲置宅基地和住宅。深入推进建设用地整理，以城乡建设用地增减挂钩政策为基础，继续深化地票制度改革，为乡村振兴和城乡融合发展提供土地要素保障。

（四）完善土地管理体制

增强土地管理灵活性，探索建立成渝地区建设用地、补充耕地指标跨区域统筹制度和交易机制，构建成渝地区城乡土地统一规划管理体系。

强化土地资源统筹管理。探索建立跨区域统筹用地指标、盘活空间资源的土地管理机制。建立统一的建设用地指标管理机制，统筹平衡年度土地收储和出让计划。依法推进农村集体经营性建设用地入市改革，盘活区内土地存量。

推动土地供应和利用精细化管理。强化土地供应量、开工建设情况的分类动态监测。推进成渝地区土地出让金跨省统筹，研究建立存量税收留存各地、增量税收按照比例分成的税收分配制度，设立以区域土地出让金为资金来源的专项建设资金。

推进成渝地区土地制度及政策一体化建设。研究建立成渝地区统一的区域土地制度，破除土地资源流动障碍，合理布局与规划土地利用结构、基础设施建设、资源开发利用和环境整治保护；建立统一的土地政策，减少税收、吸引外资等多方面政策优惠差异，避免恶性竞争。探索设立跨行政区域的土地执法机构，以协调不同地区的土地政策和行政行为，统一执法，促进无差别土地法律政策环境的形成和土地资源的优化配置。

探索跨区域指标交易。建立跨长江流域生态补偿机制，争取国家支持开展成渝地区双城经济圈与长三角城市群土地指标跨省调剂交易试点工作。依托重庆农村土地交易所，共同争取国家支持，开展成渝地区双城经济圈与长三角城市群土地指标跨省调剂交易试点工作，推进成渝地区双城经济圈产生的城乡建设用地增减挂钩节余指标、耕地占补平衡指标等上市交易，长三角相关省（市）可购买相关指标用于自身建设和发展，将重庆土地交易所打造成为全国性的跨省指标调剂交易试点平台。进一步拓展“地票”功能，探索生态地票在成渝地区双城经济圈全面推广，促进生态区人口向重点发展区转移，拓展土地要素市场。

专题二

成渝地区双城经济圈劳动力市场一体化研究[①]

① 本专题执笔人员:邹於娟。

功以才成，业由才广。经济社会发展的核心要素在人。在成渝地区双城经济圈建设战略全面实施的背景下，打通劳动力流动的梗阻壁垒，实现要素合理配置、有序流动、高效集聚，既是构建高标准市场体系的应有之意，也是推动成渝地区双城经济圈高质量建设的关键所在。因此，梳理成渝两地劳动力市场建设的现状和问题，为成渝两地劳动力市场一体化加速推进提供决策支撑，具有重要现实意义。

一、文献综述

（一）劳动力市场的相关理论基础

1. 劳动力市场的内涵

劳动力与资本、技术、土地等共同被认为是重要的生产要素，因此劳动力市场也是要素市场的重要组成部分之一。劳动力市场的概念有狭义和广义之分。狭义的劳动力市场是指劳动力供求双方双向选择、进行劳动力交换的场所，以及运用市场机制调节劳动力供求关系的组织形式；广义的劳动力市场是指以市场机制为基础性方式，对劳动力资源进行配置和调解的经济关系，其内容包括劳动契约、劳动就业、工资分配、社会保障、劳动立法、职业培训、职业安全卫生，以及特殊群体劳动者的保护等。

2. 劳动力市场的构成要素

通常劳动力市场的构成主要有五大要素：一是劳动力市场主体，即求职者个人和用人单位；二是劳动力市场客体或对象，即在劳动力市场上被交换的人的劳动力；三是劳动力市场中介，即在劳动力市场上进行交换的媒介；四是劳动力市场过程，即劳动力供求双方相互见面、商讨条件，从而完成交换的过程；五是劳动力市场规则，主要包括公平规则、等价规则、合法规则等。

（二）劳动力市场一体化

1. 劳动力市场一体化的内涵

国内外学者研究我国市场分割问题是从商品市场开始，近年来逐步深入到要素市场，特别是劳动力市场。国外古典经济学派最早开始研究劳动力市场一体化。该学派将不同劳动力市场上的单一工资作为劳动力市场一体化的重要特征。国内有学者根据近年来国内外研究成果总结劳动力市场一体化的概念，认为劳动力市场一体化是指在区域内通过制定公平的竞争原则，消除各种阻碍劳动力市场统一的就业限制、性别歧视、制度障碍等，采取一体化的就业政策和管理体制，使劳动力能够在不同地区、不同行业、不同企业自由流动，最终区域内劳动力的工资能够形成一个单一的工资率，劳动力市场实现长远稳定发展。

2. 劳动力市场一体化的作用

有研究表明，我国劳动力资源与经济发展存在显著的区域错配，既不利于劳动力资源的充分利用，也会制约产业升级，更会极大阻碍区域间的协调发展。总结相关研究成果，劳动力市场一体化的功能作用主要包括以下几个方面。

劳动力市场一体化可以推进区域经济协调发展。一是通过打破区域劳动力市场的制度分割、行政分割、技术分割等，促进劳动力根据自身意愿和市场需求实现自由迁移，有利于塑造区域经济高质量发展的强大动力源。二是避免或减少劳动力市场分割，可以防止地区间、城乡间、部门间、行业间的工资收入差别过大，造成劳动力资源浪费，影响社会和谐稳定。三是劳动力市场的统一将形成公平竞争的市场机制，从而发挥出资源配置的基础性作用，实现劳动力在区域内优化配置。

劳动力市场一体化可以推进城乡融合发展。一是一体化的劳动力市场可以加速推进农村剩余劳动力向城市化转移，让农村劳动力资源加入城市现代化建设进程，缩小城乡收入差距。二是可以促进各层次劳动力在地区间、产业间自由流动，顺应产业和技术发展趋势，从第二产业向第三产业、从传统产业向战略性新兴产业梯次升级，助力城市经济繁荣。三是可以推动优秀人才入乡返乡、就业创业，参与现代农业和乡村振兴事业，助力城乡一体化发展。

劳动力市场一体化可以推进劳动力素质提升。一是一体化的劳动力市场具有更完善的价格发现机制，高素质劳动力能够在市场竞争中获得更高的报酬，必将引发各类劳动力对高收入职业和岗位的追求，提升综合素质和职业技能，从而实现了全社会劳动力素质的整体提升。二是一体化的劳动力市场具有更完善的公平竞争机制，倒逼一些从事职业不稳定、工作时间长、劳动环境差、体能消耗大、工资收入少工作岗位的劳动力积极参加教育培训，避免因职业素质低而被市场淘汰。

3. 劳动力市场一体化的影响因素

梳理国内外学者关于劳动力市场分割及一体化领域的研究，可以将劳动力市场一体化的影响因素大致分为三类：以行政等级、财政收入分权等差异为主的行政因素，以经济发展、市场规模、产业结构、外贸进口等差异为主的经济因素，以及以社会保障、福利水平、公共物品供给等差异为主的社会因素。

国内有不少学者都从实证层面探寻了影响我国劳动力市场一体化的主要因素。王海南、崔长彬（2021）基于相对价格法和探索性空间分析方法考察了全国30个省（自治区、直辖市，不含西藏自治区和港澳台地区）劳动力市场一体化的时空特征，发现财政收入分权对劳动力市场一体化具有正向作用，且在所有解释变量中影响强度最大。韩帅帅、孙斌栋（2019）利用2004—2014年19个行业在岗职工平均工资数据，采用相对价格法构造劳动力市场的分割指数，并通过面板固定效应模型探究其影响因素，结果显示，以政府财政支出为代表的制度因素和外贸出口起到了推动劳动力市场整合、提高区域一体化的作用，而地区间经济发展差距、市场规模和外贸进口则在客观上加剧了劳动力市场的分割程度。赵金丽等（2017）利用相对价格法对2005—

2012 年京津冀劳动力市场一体化程度进行了评价，并借助多元回归模型对劳动力市场一体化发展的影响因素进行了探讨，结果发现，城市宏观产业结构、人力资本和城市间行政阻隔，以及商品市场一体化是影响京津冀劳动力市场一体化的主要因素，其次为城市产业内部结构、现代化基础设施建设等经济社会要素，而城市传统基础设施建设、经济外向度、政府干预能力及城市间地理阻隔等因素对区域劳动力市场一体化影响较小。

二、成渝地区双城经济圈劳动力市场基本现状

近年来，成渝地区加快劳动力市场建设、完善相关制度，千方百计集聚劳动力资源红利，较好地支撑了区域经济发展。具体来看，两地劳动力市场建设情况也各有不同。

（一）落户政策方面，重庆相对成都门槛更低

成渝两地根据各自人口流动情况，目前执行不同的落户政策，落户条件差异明显。成渝两地落户政策对比情况见表 3－1。

表 3－1　成渝两地落户政策对比情况

重庆落户五大主要途径	成都实施双轨并行落户制度
·务工经商落户，只要一人符合条件，可以帮助共同居住生活的配偶、未成年子女、年老父母（男性年满 60 周岁、女性年满 55 周岁）申请登记常住户口。 ·直系亲属投靠。 ·人才落户，即重庆引进的专家、学者、留学回国人员，以及在重庆就业的专科或初级专业技术职称以上人员；受到省（部）级以上表彰的先进个人、劳动模范；受到重庆各级人民政府表彰并获得优秀称号的农民工。 ·学生落户，应届专科以上和本市中等职业学校、技工学校毕业生只要选择在渝就业就可以申请落户。 ·其他户口迁移，除了购房落户和机关事业单位调动，还包含了随军军人家属经部队师（旅）级以上单位政治机关批准可申请落户，以及因高山生态扶贫、地质灾害避险、水利建设等搬迁安置的本市籍居民和在户口所在区县（自治县）城镇地区拥有合法稳定住所的本市籍居民	·条件入户制度，规定符合成都市人才引进条件之一的人员可以申请将户口迁入本市，包括全日制普通大学本科及以上学历毕业生，年龄在 45 周岁及以下的人员；在国（境）外取得本科及以上学历的人员，经教育部留学服务中心认证，年龄在 45 周岁及以下的；在本市同一用人单位工作两年及以上的技能人才，经单位推荐，人力资源和社会保障部门认定的；取得“蓉城人才绿卡”的人员。 ·积分落户制度，以合法稳定就业和合法稳定住所（含租赁）、参加城镇社会保险年限、连续居住年限等为主要指标

1. 重庆实施五大落户途径、“宽门槛” 落户政策

根据2016年7月25日发布的《重庆市户口迁移登记实施办法》，重庆的落户途径包括务工经商、直系亲属投靠、人才、学生和其他户口迁移，落户政策整体比较宽松。同时，所有人才落户均不受在渝务工、就业年限和缴纳社保年限的限制，甚至没有年龄限制。高层次人才和受到省（部）级以上表彰奖励的人才，甚至不受在渝就业与否的限制。

2. 成都实施条件入户与积分入户双轨并行的户籍政策

近年来，成都先后出台《成都市关于推进户籍制度改革的实施意见》《成都市居住证积分入户管理办法（试行)》《成都市户籍迁入登记管理办法（试行)》。于2018年1月1日起，正式实施“条件入户”和“积分入户”双轨并行的户籍制度，重点引入青年人才、高层次人才，优化提升成都劳动力结构层级。

（二）劳动力数量增长，成都快于重庆

尽管近年来成渝两地常住人口保持较好增势，但从适龄劳动人口和就业人口数据来看，重庆劳动力总量出现微降，值得高度关注。

1. 成渝两地年末常住人口均保持稳步增长

从近五年数据来看，重庆和成都年末常住人口呈现逐年增长势态，人口集聚力相对全国大多数地区较强，但重庆常住人口增速不及成都（表3-2)。2019年末，重庆常住人口为3124.3万人，比2014年增长4.4%、增加132.9万人；成都常住人口为1658.1万人，比2014年增长14.9%、增加215.3万人。

2. 重庆2017年迎来劳动力增长拐点

重庆于2017年结束了长期以来的劳动人口增长，近三年适龄劳动人口（15~64岁）和从业人口均小幅下降，老龄化加剧。2019年末，重庆适龄劳动人口为2090.2万人，比2014年减少2.4%、减少50.4万人。且随着新兴业态兴起，正规就业总量轻微下降。成都虽然从业人口增速也在下降，但仍

保持正增长。2018 年，重庆和成都从业人口分别为 1709.5 万人和 895 万人。

表 3－2　成渝两地劳动力数量和增速对比情况

人口	区域	2014	2015	2016	2017	2018	2019
总人口	重庆绝对额（万人）	2991.4	3016.6	3048.4	3075.2	3101.8	3124.3
	重庆增速（%）	—	0.8	1.1	0.9	0.9	0.7
	成都绝对额（万人）	1442.8	1465.8	1591.8	1604.5	1633.0	1658.1
	成都增速（%）	—	1.6	8.6	0.8	1.8	1.5
从业人口	重庆绝对额（万人）	1696.9	1707.4	1717.5	1714.6	1709.5	—
	重庆增速（%）	—	0.6	0.6	－0.2	－0.3	—
	成都绝对额（万人）	824.4	827.9	879.0	892.7	895.0	—
	成都增速（%）	—	0.4	6.2	1.6	0.3	—

注：2018 年以前数据来自重庆、四川历年统计年鉴，2019 年数据来自当年统计公报。

（三）人力资源市场制度和平台逐步完善

在人力资源和社会保障部的指导下，成渝两地搭建了相应的人力资源市场园区平台，管理政策制度和双方合作机制也在不断完善。

1. 两地人力资源服务产业园建设稳步推进

重庆（渝北空港国际新城）与四川（成都人力资源服务产业园）均建有国家级人力资源服务产业园。省级产业园尚在布局完善中，四川计划在川渝结合部的泸州、内江、达州、绵阳及乐山等地建立省级人力资源服务产业园；重庆计划到 2022 年，在渝西、渝东北、渝东南和主城区建成 5 家市级人力资源服务产业园。

2. 两地人力资源服务机构管理政策大致相同、略有差异

重庆市、四川省均全面实施了职业中介许可和其他人力资源服务备案制度。许可范围基本相同，包括劳动者推荐、信息服务、招聘会组织、网络招聘、高级人才寻访等。许可条件和许可时限略有差异，尚未实现人力资源市场许可结果互认（表 3－3）。

表 3-3　川渝两地人力资源行政许可条款异同

	重庆	四川
职业资质认定范围	重庆认可的职业资质包括人力资源管理师和重庆市人才研究和人力资源服务协会发放的“重庆市人才中介服务执业资格证书”	四川省认可的职业资质包括人力资源管理师和四川省人力资源服务协会发放的“四川省人力资源服务从业培训证书”
经营场所面积要求	固定场所使用面积的标准统一为不少于 50 平方米	对固定场所使用面积没有做统一规定，由各市州结合本地实际制定相关标准（30~80 平方米）
职业资质许可时限	市规定各区、县（自治县）人力社保局应当自受理之日起 10 个工作日内作出是否准予行政许可的决定	四川省规定市（州）、县（市、区）人力资源社会保障行政部门应当自受理之日起 20 日内做出是否准予行政许可的决定

3. 人力资源服务交流合作机制已初步建立

目前重庆和四川在人力资源服务博览会、交易会、人力资源服务创新创业大赛、产业园联盟成员交流互访等方面均建立了良好的合作机制。尤其 2020 年初中央宣布加快建设成渝地区双城经济圈战略部署后，两地各层级的人力资源服务交流合作明显增多。

（四）失业和培训管理制度体系均已建立

稳就业是“六稳”工作的重中之重，近年来从中央到地方，不断强化稳就业举措，失业登记管理和就业培训制度逐步完善。

1. 失业登记制度按国家要求建立且两地互认

就业失业登记是国家确立的基本就业制度，是掌握劳动者就业与失业状况的重要手段，是提供公共就业服务、落实就业扶持政策的基础工作。“就业失业登记证”中的记载信息在全国范围内有效，劳动者可凭“就业失业登记证”跨地区享受国家统一规定的相关就业扶持政策。成渝两地均按照人力资源和社会保障部统一要求执行。

2. 重庆就业培训对象范围与成都相比更广泛

重庆方面，职业技能培训、创业培训、企业职工技能提升培训和转岗转业培训对象均无户籍限制，职业培训机构组织四川籍符合条件的人员开展上述职业培训的，也可按规定享受职业培训补贴。

四川方面，根据《四川省职业技能提升行动实施方案（2019—2021年)》，大力开展重点群体就业技能培训和创业培训，对毕业年度高校毕业生和省内普通高校全日制非毕业年度在校大学生、下岗失业人员、退役军人，根据其意愿开展就业技能培训。

三、成渝地区双城经济圈劳动力市场一体化存在的问题

有学者研究认为，成渝地区近十年来劳动力市场一体化程度波动上升，市场整合程度有了较大提高，大致分为两个阶段：2007—2011 年有所下降；2012—2018 年，尤其是 2014 年以后，整合进程快速推进。但成渝两地劳动力市场分割情况仍然存在，当前尚未实现管理联动、政策统筹、结果互认。

（一）人力资源市场管理联动较少

成渝两地在人力资源服务机构行政许可条件上还有差异，也尚未做到结果完全互认。两地人力资源产业园还是之前按照各自发展需要规划布局的，尚需根据成渝地区双城经济圈建设要求统筹布局。

（二）就业失业登记流程存在差异

重庆在全国率先实现失业登记的“全渝通办”，并对有关证明材料进行了大幅删减。但经办流程和证明材料与包括四川在内的其他省（市）存在差异，在流程上服务一体化较难实现协同，需要与四川在内的全国层面流程进行对接。

（三）相关数据信息未能共享互联

成渝两地均启动了本地就业失业登记信息化管理工作，并建立具有就业失业登记功能的业务经办系统。但两地系统数据不能实时互联，失业登记结

果互认便捷化程度还有待提高。不利于两地失业人员统一管理和促进充分就业。

（四）外部影响因素协同程度不够

行政制度、经济发展和社会环境等都是影响区域劳动一体化的重要因素。成渝地区双城经济圈战略实施以前，成渝两大城市的空间战略规划、产业分工协作、区域合作机制、发展平台建设等均缺乏对接，尤其是产业发展方面，部分城市同质化程度高，多年来两地竞争大于合作，加剧了劳动力市场分割问题。

四、推进成渝地区双城经济圈劳动力市场一体化的建议

抢抓成渝地区双城经济圈建设的战略机遇，充分利用新一代信息技术，打破区域城乡壁垒，畅通劳动力社会性流动渠道，促进公共服务保障协同，全方位开展人才引进和培养合作，构建规划统一、政策协同、标准互认的成渝劳动力市场，为成渝地区双城经济圈高质量发展提供强有力的劳动力要素支撑。

（一）进一步深化户籍制度改革

促进劳动力从农村加快向城市转移、在城市之间自由流动，进一步深化户籍制度改革、消除地域身份歧视和限制至关重要。

1. 全面放开放宽城市落户限制

对乡转城和成渝范围迁居人口，探索实行户籍准入年限同城化累计互认，降低落户门槛，简化落户程序，试行以经常居住地登记户口制度。根据户籍制度改革进程，逐步修改和调整《户口登记条例》，使之与现行户籍管理制度逐步匹配，避免法律不完善带来的改革阻力。有序推进农业转移人口市民化，建立教育、医疗、住房等基本公共服务与常住人口挂钩机制，推动公共资源按常住人口规模配置。

2. 共同推进社会保险服务政策协同

推动养老保险关系转移接续，探索“只转关系、不转资金、统一结算”方式，简化办理手续，优化办理流程，率先融入对接全国统一社会保险公共服务平台建设。加快推动两地互认失业保险参保关系及参保年限，实现“跨区域、同待遇”领取失业保险。加快建设成渝医疗保障信息系统，积极率先融入全国统一、多级互联的数据共享交换体系，促进跨地区、跨层级、跨部门业务协同办理。

3. 促进人力资源在区域间自由流动

营造公平就业环境，依法纠正身份、性别等就业歧视现象，保障城乡劳动者享有平等就业权利。探索实行户籍准入年限同城化累计互认，试行以经常居住地登记户口制度，有序引导人口落户。促进流动人员人事档案服务管理协同，以高层次人才为重点探索建立户口不迁、关系不转、身份不变、双向选择、能出能进的人才柔性流动机制。

（二）共建一体化人力资源市场

打破“各自为政”固有思维，从成渝双城经济圈战略出发，以“一体化”为核心目标，共同打造西部规模最大、最具影响力的人力资源市场。

1. 建立人力资源服务许可互认和从业人员职业资格证互认制度

对在一地已取得人力资源服务许可的人力资源服务机构，在另一地从事相关业务或设立分支机构的，由审批制度改为备案制度。对于从事人力资源服务的人员，其取得的从业人员职业资格证或相关培训合格证可以相互认可。

2. 统筹布局川渝两地省级人力资源产业平台

根据成渝产业协同布局规划，围绕万达开川渝统筹发展示范区、合川广安长寿协同发展示范区、高滩—茨竹产城融合新区、遂宁潼南川渝毗邻地区一体化发展先行区、资阳大足文旅融合发展示范区、内江荣昌现代农业高新技术产业示范区等园区统筹规划人力资源产业平台布局，重点在成渝结合部地区和重要节点城市规划建设一批园区（市场），联合举办人才招聘会和西部人力资源服务博览会，共同增强对西南地区人力资源辐射集聚能力。

3. 建立多层次、常态化交流协商机制

建立两地人力资源服务业发展联席会议制，交流人力资源市场建设与管理情况，对交流合作中存在的重大问题、重要事项进行沟通协商。鼓励不同层级的人社部门、人力资源市场、产业园区平台、中介服务机构等开展项目合作、互访交流。

（三）加强两地就业服务政策协同

加强两地就业统计管理制度、服务政策的对接和协同，为流动劳动力提供精准化、无差别的就业（创业）服务。

1. 完善就业统计管理制度

强化人社部门关于劳动力就业的各项统计指标收集、整理、分析和报送等工作，构建就业统计的标准化指标体系，加快促进人力资源中介机构等市场力量参与劳动力市场统计工作，形成政企合作的就业大数据统计机制。

2. 建立就业失业信息共享协作机制

完善两地公共就业信息系统，加强数据系统对接，推动信息系统互联，实现各类用工、求职、就业监测数据、重点就业群体、失业登记等信息共享，减少纸质证明、证书使用。为精准提供公共就业服务、落实就业扶持政策奠定基础。

3. 建立就业创业服务共享协作机制

推动劳动力调查协作，同步收集、发布企业用工信息和求职者求职信息，共享企业用工监测信息，联合举办各类线上线下专项行动和招聘活动。共建共享创新创业孵化基地、创业导师库、创业项目库，加强两地创业培训师资交流，共同开展创业培训，共同争取重大项目（事项）支持。

4. 建立职业培训协作机制

加快发展人力资源服务业，简化优化人力资源服务许可流程，加强人力资源市场事中事后监管。两地就业服务管理需明确机构，落实专人，建立沟通协调机制。共享职业培训信息，引导两地劳动者针对性参加各类职业培训。加强沟通交流合作，分享成果经验，共同研究问题，协同推进两地职业培训工作，促进两地劳动者就业创业。

（四）健全标准互认的技能评价制度

以创新和协同为抓手，建立健全标准互认互采的两地职业技能评价制度，加强人才激励、助推柔性化流动。

1. 以职业能力为核心创新评价标准

进一步打破户籍、地域、身份、档案、人事关系等制约，畅通非公有制经济组织、社会组织、自由职业等继续教育、专业技术人员职称申报等渠道，制定公平公正的职业能力评价标准。两地共同组建社会化评审机构，对专业性强、社会通用范围广、标准化程度高的职称系列，开展两地互认互通的社会化职称评审。完善技术工人评价选拔制度，探索实现职业技能等级证书和学历证书互通衔接。

2. 推动职称网上互查互认、证书通用

联合构建成渝地区特色产业职业体系，推进职业技能等级证书、专项职业能力考核证书互认。建立专业技术人才职称互认机制，推行职称电子证书，实现职称网上互查互认、证书通用。两地就专业领域、特定群体每年定期开展技能大赛、文体赛事等，推动赛事评选结果互认。

（五）全方位开展招才引智合作

服务成渝地区双城经济圈“两地两中心”的建设目标，两地携手加大招才引智力度，打造高层次人才安居乐业家园。

1. 加强高层次人才引进和利用合作

加快建立区域性高层次人才引进利用平台，推动两地在人才征集需求发表、信息库开发建设、智力资源共同享有、推进人才交流等方面加强协作，

促进智慧化共引共享，探索建立高层次人才两地共用机制，提高人才招引效率和利用效益。

2. 完善高层次人才服务的制度安排

加快推进高层次人才住房保障、子女教育、养老医疗等相关制度保障，重点针对海外高层次人才，打造一批国际社区、国际学校、国际医院，为其创新创业和生活定居提供便利。进一步营造更加开放、自由、包容、和谐的社会文化环境，打造宜业宜居的优质生活圈，吸引更多国际化、高层次人才向成渝地区聚集。

五、政策保障

（一）推动两地全面形成思想共识

推动两地以成渝地区双城经济圈建设战略为契机加深交流和理解，全面达成劳动力要素市场一体化的思想共识。一是加强研究形成学术共识。“兵马未动，学术先行”，丰富的学术成果是推动全社会达成思想共识的先决条件。鼓励两地智库、高校等学研机构加强学术交流互访，定期举办研讨会，重点开展城乡劳动力开发、人才协同引进和利用、社会保障政策协同等调查研究，深入挖掘劳动力红利，形成一批有影响力的学术共识研究成果。二是加强交往形成社会共识。广泛的社会认同和思想共识是一切事业顺利推进的重要前提。政府牵头、带头，推动两地各类机构密切交往、加深交流，广泛开展交往交流活动，广泛宣传推动成渝劳动力要素市场一体化的必要性、可行性、发展愿景等学术研究成果，引领社会思潮、凝聚社会共识。

（二）完善两地全面协商合作框架

建立健全“决策层—协调层—执行层”三级运作、统分结合的协商合作框架，推动两地全面密切开展合作。一是建立成渝两地党政领导协商机制。推动两地领导加强交流互访，凝聚双方共识，共同决策成渝地区双城经济圈建设战略的合作框架和全局性重大合作事项。二是建立重点领域协作机制。

就劳动力市场一体化等重点领域建立联席会制度、成立专项工作小组，推动各项发展协议落地落实。两地专项工作组按季度制订重点任务推进时间表，每月形成人才协同发展合作协议签订情况和推进落实情况台账。成渝双方互派干部到重要部门和岗位任职，加强政策堵点疏通，打通行政制度协同障碍。

（三）重点强化两地产业协同合作

加强成渝双城经济圈内部产业链整合与合作，实现劳动力市场整合。一是推进内部产业整合。经济圈内部各城市优势产业相似是经济圈实现劳动力市场一体化的重要保障，但各城市产业也存在同质化、整合程度低、缺乏合作等问题。协同推进补链、强链、延链，促进两地优势互补、链条共建，进而实现地区各产业人口的合理聚集和流动，缩小地区工资差异，推进地区劳动力市场一体化。二是协同制定产业规划。整合两地分散的企业，做好经济圈整体产业链规划和产业结构调整，以成渝两大城市为核心构建产业生态圈，建立具有国际竞争力的超级产业集群，使成渝地区双城经济圈成为“亚欧”产业链、供应链、物流链内陆中心。

专题三

成渝地区双城经济圈资本要素市场一体化研究[①]

① 本专题执笔人员：张超、张佳。

2020年4月，中共中央、国务院印发《关于构建更加完善的要素市场化配置体制机制的意见》，首次对推进要素市场化配置改革进行了总体部署。提出支持资本、土地、技术、劳动力等要素市场发展，发挥要素市场资源配置功能作用。其中，提出要健全多层次资本市场体系，增加有效金融服务供给等要求，推进资本要素市场化配置。当前成渝地区双城经济圈建设已上升为国家战略，在推进成渝地区统筹发展的过程中，离不了资本要素市场化资源配置的功能发挥。推动资本要素市场一体化建设，进而促进资本要素跨区域自由流动和高效配置，对推动成渝地区双城经济圈一体化协同发展至关重要。

一、资本要素市场一体化的相关理论基础

（一）资本要素市场的内涵和功能

1. 资本要素市场的内涵

资本作为一种生产要素，基于不同角度的理解会有所不同，目前学术界对资本尚无统一的定义。一些学者从资本市场运行的角度，认为资本市场是资金融通和交易的市场，凡涉及借贷的机构均在此列（斯蒂格利茨，1997）。一些学者从资本市场功能的角度，界定资本市场是以风险定价为核心的资金要素配置市场（弗里德曼，1996）。目前对资本市场的研究多界定在证券市场，但从生产要素角度而言，资本市场应是更广范围上资金融通和流动配置活动的总和，既包括证券化的资本市场，也包括非证券化的生产资料市场。

2. 资本要素市场的主要功能

价值发现和要素配置功能。资本具有逐利性，一个理性的资本市场通过

资本要素的自由流动，可以让脱离实际价值的过程不断得到修正，最终实现价值回归，让价值得到充分体现。资本市场的价值发现功能，不会导致市场价格扭曲，可以使市场运行在理性的良性轨道上，同时促进要素资源的合理配置。

直接融资功能。资本市场提供了大量资金供需双方直接对接的融资渠道，相较间接融资方式，这种直接融资方式灵活高效、信息透明，可以有效降低融资成本，为资金需求者提供更多选择，减少对银行信贷融资的依赖。融资渠道的多样性有助于企业优化融资结构，提升融资效率。

防范化解风险功能。资本市场可以提供证券市场、共同基金、金融衍生品等金融工具来有效对冲风险，平抑不确定性带来的各类风险。投资者可以利用丰富的资本市场工具来达到资产保值、防范化解风险的目的。

完善公司治理功能。资本市场提供了投资和融资的双向渠道，可以促使企业管理者通过合理安排融资计划、科学安排投资计划来推动实现企业利益、投资者利益的最大化。同时，资本市场的信息公开等优势，也营造了公开、透明、诚信的投资氛围，为企业完善公司治理提供了良好的制度约束和投资动力。

（二）资本要素市场一体化的理论基础

关于资本要素市场一体化的理论研究，大多从其对经济增长的作用谈起，并有马克思主义政治经济学和西方经济学视角下的不同理论阐述。

1. 政治经济学相关理论

在政治经济学中，马克思社会再生产理论的相关论述在一定程度上揭示了促进要素市场一体化的重要意义。具体来看，马克思认为社会资本再生产包括简单再生产和扩大再生产两部分，其中，简单再生产是扩大再生产的基础，而扩大再生产是资本主义的主要生产方式。马克思将社会总产品进行了区分，在价值形态上主要分为不变资本、可变资本、剩余价值，在物质形态上分为生产生活资料的第一部类和生产消费资料的第二部类。扩大再生产是生产规模扩大的生产过程，而实现扩大再生产的重要保障之一，就是要有统一的要素市场来促进生产要素自由流动。加大生产要素投入、优化生产要素组合、提高生产要素生产率是促进经济增长的重要手段，资本作为重要的生产要素之一，资本要素的自由流动和优化配置需要资本要素市场一体化建设来推动实现。

2. 西方经济学相关理论

古典经济学认为市场是资源配置的最优方法，强调市场在资源配置中的重要作用，同时认为经济增长主要来源于资本积累和劳动分工。索洛模型中，将资本和劳动力作为变量投入，认为资本和劳动力是经济增长的重要源泉，通过调整资本和劳动力的投入比例，可以达到最大化产出的目的。在这一调整过程中，要素市场一体化可以让要素市场高效率配置生产要素，促进生产要素的自由流动，而这对推动生产要素间比例的调整优化起到重要保障作用。

二、成渝地区双城经济圈资本要素市场现状

近年来，成渝地区积极构建多层次资本要素市场。据统计，截至2019年底，区内有资本要素市场29家，金融类、权益类、大宗商品类等要素市场分别为4家、12家和13家，交易所资产总额超过220亿元。其中，重庆要素市场总计有12万余户交易客户，累计交易总额达7.57万亿元；成都要素市场共有4000余个会员、7万余投资者。2020年，四川和重庆新增社会融资规模均创下历史新高，分别突破1.5万亿元和8000亿元，成渝资本市场服务实体经济、促进区域经济发展作用日益突出。成渝地区资本要素市场情况见表4－1。

表4－1　成渝地区资本要素市场

类型	重庆要素市场	四川要素市场
金融资产类	重庆金融资产交易所有限责任公司 中保保险资产登记交易系统有限公司	四川金融资产交易所有限公司 成都金融资产交易中心股份有限公司（筹）

续表

类型	重庆要素市场	四川要素市场
权益类	重庆联合产权交易所集团股份有限公司 重庆农村土地交易所 重庆科技要素交易中心有限公司 重庆文化产权交易中心有限责任公司 重庆涪陵林权交易所有限责任公司	成都农村产权交易所有限责任公司 西南联合产权交易所有限责任公司 成都文化产权交易所有限公司 四川联合环境交易所有限公司 成都托管中心有限责任公司 天府（四川）联合股权交易中心 成都知识产权交易中心有限公司
大宗商品类	重庆农畜产品交易所股份有限公司 重庆药品交易所股份有限公司 重庆汽摩交易所有限公司 重庆再生资源交易中心有限公司 重庆土特产品交易中心股份有限公司 重庆咖啡交易中心有限公司 重庆石油天然气交易中心有限公司 重庆航运交易所	天府商品交易所有限公司 四川联合酒类交易所股份有限公司 四川中国白酒产品交易中心有限公司 成都花木交易所有限责任公司 蒙顶山茶叶交易所有限责任公司

（一）金融资产类要素市场服务实体经济力度加大

成渝地区拥有金融类要素市场4家，重庆金融资产交易所、中保保险资产登记交易系统为全国性要素市场，金融要素市场在处置不良资产、服务实体经济方面取得积极成效。

1. 金融服务实体经济实现新突破

重庆金融资产交易所形成了登记小贷资产收益权产品、应收账款收益权产品、定向债务融资工具等三大类特色金融产品，通过发展直接债务融资市场，直接服务于中小微企业。累计为全国70家小贷公司融资提供便捷通道，间接服务于全国超过8000家中小微企业、6万户个体工商户及农户。四川金融资产交易所有效推动困难企业的债务化解，综合应用金融工具盘活不良企业，支持实体经济稳健发展，为各类型制造业、服务业企业提供近1000亿元资金，解决了企业融资难题。

2. 金融风险防控业务创新深入开展

重庆持续防控金融风险，强化重点领域风险防范化解，全面加强金融监管，提高正规金融体系覆盖面，突出风险源头治理，牢牢守住不发生系统性金融风险底线。重庆金融资产交易所运用大数据、人工智能、云计算、区块链等核心科技，赋能“智慧财政”强化政府债务管理和风险防范，每年节省政府融资成本超亿元。四川在全国率先成立金融委办公室地方协调机制，加强金融监管协作，成都依托四川金融资产交易所，立足业务特色精准开展资产流转、重组并购等金融创新，有机链接银行、资管公司、困难企业和投资机构为企业解困，帮助众多企业化解不良资产和经营危机。

（二）权益类要素市场促进经济转型升级贡献突出

成渝地区共有权益类要素市场 12 家，其中重庆 5 家、成都 7 家。成渝权益类要素市场在推动区域供给侧结构性改革、加快经济转型升级方面发挥了重要作用。

1. 在区域国企混合所有制改革中发挥了重要桥梁作用

重庆联合产权交易所发挥在闲置资产盘活、不良资产处置等方面的专业优势，为推进国有企业改革发挥了重要作用。2019 年，完成国有资产交易 2619 宗，实现交易额 238. 83 亿元，交易量位居全国第四。成都西南联合产权交易所搭建了国有企业发展混合所有制经济项目发布平台、企业并购重组平台和不良资产交易平台，重点开展增资扩股、股权转让、抵押资产处置、不良债权处置、抵（偿）债资产处置等交易，服务国有企业超过 300 家，处置的法院诉讼资产、破产清算财产超过 2000 宗。2019 年，中国第三支、中西部第一支国企改革交易型开放式指数基金（ETF）——四川国企改革 ETF 在深交所成功发行上市。

2. 对企业科技创新支持力度不断加大

重庆强化创新创业企业发展政策引导、金融支持力度不断加大，依托重庆股份转让中心（Chongqing Share Transfer Center，OTC）在全国率先设立成长板、孵化板、科创板、青创板四个企业挂牌板块，支持市内中小科技企业、初创型科技企业、民营科技企业等上市融资，打通科技型企业的直接融资渠道，为企业发展壮大配置优质金融资源，科技型企业可持续发展能力持续增强，企业创新发展环境不断优化。成都设立了科创板、科技金融板等金融要素市场板块，构建了10家科创板种子企业、30家科创板重点企业和100余家科创板基础培育企业的金字塔型三级企业资源库，为科技企业提供专业化、个性化的金融服务，实现了金融资源与科技型企业的有效匹配，更好地满足了不同类型科技型企业的融资需求，企业科技创新活力、动力不断增强。

3. 推动经济绿色发展作用更加突出

重庆发挥土地交易所、林权交易所平台优势，重庆农村土地交易所通过“地票”交易制度创新实现土地“增减挂钩、先补后占”，通过地票交易，既满足了需求方的全市城市化、产业发展和重点项目建设用地需要，也为供方的乡村振兴、公共服务改善等方面提供了资金支持，实现了供需双方双赢、全市用地的有机平衡，以及土地资源的集约节约使用；重庆发挥林权交易所等平台作用，支持开展生态产业化探索，实现了林业资源有效利用和价值的最大化，为重庆绿色经济发展探索了新路径。成都绿色金融基础设施建设取得实质进展，绿色金融超市“绿蓉融”上线运行，积极开展碳排放权交易，推动走生态绿色可持续发展道路，提升了各行为主体对环境行为的重视，碳排放市场机制和效应逐步发挥，为实现“碳中和”“碳达峰”创造了条件。

（三）大宗商品类要素市场扩供给、促发展作用明显

成渝地区共有各类商品交易市场13家，其中12家专业交易市场、1家综合性交易市场，商品交易品种超过30个，较好地促进了区域经济发展。

1. 扩大市场供给、优化资源配置成效显著

重庆利用农畜产品交易所、汽摩交易所两大平台资源，在全国创新性开展生猪、汽摩配件网上交易，促进了生猪、汽摩等产业链、供应链的聚集，为产业上下游企业供需的对接提供了平台支持，有利于降低产业市场交易成本，在保障产业链供应链稳定、优化产业要素配置、促进产业做大做强等方面发挥了重要作用。成都利用天府商品交易所开展钢铁、化工、稀贵金属、

农林、有色金属五大类 26 个品种商品交易，极大地促进了区域生产要素市场的发展壮大，增强了区域生产资料供给配置能力，为区域产业发展提供了优质、便捷的生产原材料支撑，对区域物流、金融等产业发展具有较强的带动作用。

2. 扩大市场供给较好地带动了区域产业链发展

重庆在全国率先打造了再生资源、咖啡等交易所平台，成立全国第二家石油天然气交易中心，以再生资源、咖啡等要素市场为纽带，增强了重庆区域的资源整合配置能力，进一步丰富和壮大了重庆的要素平台载体，吸引了加工、贸易、金融、物流等上下游产业链集聚发展，要素平台对相关产业发展促进作用较突出，成为全市产业转型升级和高端化的重要引擎。成都依托白酒、花木、茶叶等专业商品市场优势，积极开展白酒、花木、茶叶等特色优势商品交易，为优势特色产业发展提供了良好平台支撑，扩大了相关产业市场交易规模和市场覆盖广度，白酒、茶业等产业的市场知名度和品牌影响力不断提升。

三、成渝地区双城经济圈资本要素市场一体化存在的问题

虽然成渝两地资本要素市场均超过 10 家，但尚未形成规模化运营优势，竞争力不足等问题导致要素市场对外开放度不高，在两地协作上也缺乏积极性和顶层设计支持。

（一）资本市场总体实力较弱，国际国内资本要素循环不畅

1. 金融要素市场实力较弱

成渝地区资本市场的竞争力、利用资本市场融资能力等方面，与上海、北京等相比差距较大。成渝金融要素市场数量虽多但部分市场资产规模偏小，且交易区域以市内为主、向外辐射较弱，与北京、上海等城市金融市场规模和辐射力度相比差距较大，成渝地区全国性创投机构、PE 投资机构等较少，金融要素市场竞争力不强，难以充分发挥资本市场所具有的融资和资源配置优势。

2. 与国际资本市场联系不畅

中西部地区金融业开放度不高，国际、国内资本循环不畅，国际资本进入受到较大制约，成渝两地国际市场融资渠道不畅，对外融资难度较大。同时，成渝地区资本市场国际化程度相对较低，跨境人民币结算、外汇结算单证审核等便利化水平不高，影响成渝地区金融等要素市场的高质量发展。

（二）资本市场条块分割，一体化融合发展水平低

1. 两地行政壁垒较强

成渝两地资本要素市场融合发展体制机制束缚和行政壁垒较为突出，影响两地资本市场资源整合及高效配置。资本要素市场整体规划不足，成渝两地资本要素市场金融资产类、权益类金融要素市场发展同质化现象较为突出，成渝均建立了金融资产、文化产业、土地等要素市场，没有形成特色的金融产品，两地资本市场竞争大于合作，没有形成错位发展的格局，制约资本要素市场做大做强。资本要素市场发展政策不统一。资本市场发展政策制定、实施等对接协调不充分，目前仍没有形成统一的资本要素市场发展政策，区域资本要素市场发展的竞争大于合作，同时两地资本要素市场监管规则、制度等差异性较大，资本要素市场融合发展难度较大。

2. 区域市场壁垒突出

成渝两地资本要素市场缺少统一的发展规划，跨区域协作机制不健全，融合发展顶层设计不足，资本要素市场之间缺乏信息互通、业务对接和风险处置联动，影响两地资本市场一体融合发展。成渝两地没有形成统一的资本要素大市场，区域资本要素市场互联互通水平不高，两地金融机构异地展业、开设分支机构较为困难，导致区域资本要素市场发展空间受到限制，两地资本市场做大做强难度较大。资本要素市场同城化发展水平不足，金融资源跨区域流动不畅，人才、数据等金融要素交换存在制度性阻碍，资本要素市场信息传导渠道不畅，信用等金融数据不能实现高度的共享、共用，金融资源整合难度较大，资本市场一体化发展制度性成本较高。

3. 协同发展水平低

成渝两地监管、金融创新等协同发展水平较低，制约成渝地区金融业的高质量发展。金融监管条块分割。成渝两地缺少统一的跨区域金融监管机构，两地信用系统尚未实现互联互通，金融信息共享、执法联动不够，区域金融风险防范难度较大。金融协同创新能力不强。金融对产业转型升级力度不够，成渝地区绿色金融、科技金融等发展不充分，传统的信贷结构难以满足对风险投资、创业创新、并购重组等多样化金融服务的需求，金融工具和金融服务亟待丰富创新。金融服务软环境建设水平滞后。律师、会计师、审计师事务所等中介组织发展不足，特别是缺乏权威性评级机构，直接影响需要信用评级机构介入的债券市场等金融市场健康发展。

（三）大型资本要素平台欠缺，区域经济发展带动不足

1. 大型金融平台较少

成渝地区虽然初步形成了多层次的资本市场，但有影响力的全国性资本市场少，与沿海地区相比，金融资本对成渝经济发展的带动作用还需进一步增强。尤其是成渝两地缺少证券交易市场、期货交易所等全国有影响力的金融要素市场，导致西部地区获得的全国资本市场资金份额较少，区域经济的资本聚合能力较弱，金融对经济发展的支撑作用有待增强。同时，由于成渝地区要素市场平台影响力不足，导致要素交易功能难以有效发挥，区域金融等资源要素配置能力不强，要素市场交易规模小、活跃度较低，土地、技术等各类要素的资本化、市场转化还处于较低水平，区域要素价值挖掘释放不充分，金融对产业发展、城市建设、科技创新等促进作用、支撑作用还有待增强。同时，成渝两地没有建立共同的投资基金，金融服务区域项目建设、产业发展等能力不足。

2. 经济的资本化水平不高

成渝地区金融资本与经济结合紧密度、发展深度不够高，尚未形成金融资本与经济相互促进的发展格局，资本要素市场规模相对较小。与上海、深

圳、北京等资本市场发达的城市相比，成渝资本市场基础设施不完善，资本要素市场规模总体较小，资本市场的金融等要素配置能力不强，“期限错配”和“权益错配”问题仍然存在，金融对实体经济穿透力和服务水平有待提升，股市等直接融资规模小，与长三角等地区相比，重庆上市公司数量少、实力弱，目前成渝境内上市公司136家，远低于上海333家，不足长三角的1/5。经济证券化率方面，目前成都经济证券化水平为36.51%、重庆经济证券化率为24.71%，远低于上海135.8%水平，金融对经济发展促进作用有待提升。

上海、重庆全国性金融要素市场情况见表4－2。

表4－2　上海、重庆全国性金融要素市场情况

区域	数量	全国性金融要素市场名称
上海	13家	中国外汇交易中心、上海证券交易所、上海期货交易所、中国金融期货交易所、上海黄金交易所、上海清算所、上海保险交易所、跨境银行间支付清算（上海）公司、上海票据交易所、中国信托登记有限责任公司、中央国债登记结算公司及上海总部、中国证券登记结算上海分公司、上海股权托管交易中心
重庆	3家	中保保险资产登记交易系统有限公司、重庆石油天然气交易中心有限公司、重庆金融资产交易所有限责任公司

四、推进成渝地区双城经济圈资本市场一体化发展的重点任务

立足成渝地区双城经济圈建设，围绕成渝地区共建西部金融中心、重庆建设内陆国际金融中心，促进金融资产类、大宗商品类、权益类等资本要素市场一体化发展，着力完善资本要素市场体制机制，促进各类资本要素跨区域自由高效流动。

（一）设立西部大宗商品期货交易所

成渝地区是西部陆海新通道三条主通道所在，重庆更是西部陆海新通道的国际物流和运营组织中心，随着我国和东南亚地区越来越多的物流、贸易流通过成渝地区进行分拨中转，有必要提前谋划设立商品期货交易所，发挥金融资源配置和风险规避功能。我国现有四家期货交易所分布在华中、华东

和东北，华南的广州期货交易所被纳入粤港澳大湾区规划并正申请待批，成渝地区应积极争取设立我国西部地区首个商品期货交易所。

1. 依托地方优势选择大宗商品品类

依托川渝地区丰富的天然气、页岩气资源，以及重庆铝产业基础，探索设立天然气期货、再生铝期货等国内空白品种。围绕铁矿石、特色农产品、酒类等西部陆海新通道主要物流品种，立足成渝两地资源禀赋优势，研究设立面向东盟市场的铁矿石、农产品、酒类等商品期货。

2. 促进期货业务多元化

开展现货交易、期货交割，以及仓单业务、衍生品业务等服务，力促期货市场与商品现货市场联动发展。特别是利用现有国家级重庆油气交易中心，加强天然气现货交易与期货交易的联动，引导形成区域性天然气价格指数。推动西部期货交易所与其他现有期货交易所合作，优化交割机制，争取在成渝地区配置更多期货交割库。引导成渝两地大宗商品类要素市场整合重组、互设分支机构，进一步丰富交易品种，做大做强商品期货交易市场。

（二）升级打造金融资产类交易所

相较于东中部地区，西部地区获得的全国资本市场资金份额较少，为更好地服务“一带一路”和西部大开发战略，有必要在成渝地区升级打造金融资产交易市场，丰富金融产品交易品类，在更广范围提升资本聚合能力。

1. 争取设立西部证券交易所

争取联合设立西部证券交易所，辐射整个西部地区。对接中西部地区和“一带一路”国家和地区多层次资本市场的合作机制，积极推进交易所交易制度创新，探索开展各类资产支持证券、证券融资、股权众筹、创新类债券、投资基金、股权交易转让以及企业境外上市辅导、技术信息合作等业务，探索发行西部陆海新通道建设专项债券，面向企业提供特色多元化资本市场服务。推动成渝区域股转中心“双城通”并向西部地区拓展，支持股转中心交易制度创新、跨区域股权挂牌等方面实现突破，支持成渝两地企业跨区域实现挂牌上市融资。

2. 共建多元化投融资平台

充分发挥重庆作为西部陆海新通道国际物流组织和运营中心的功能，由重庆牵头成渝联合打造综合性国际保险服务平台、国际供应链金融服务平台，以及国际金融结算平台，为国际通道物流提供多元化金融服务。支持重庆建设国家级保险资产交易平台、再保险交易所、保险行业资产托管中心，研究推进中保保险资产登记交易系统为境内外保险资管产品提供登记、托管及交易服务。探索打造成渝市场化债转股平台，并与两地银行、证券、保险、基金、AMC 资产管理以及地方股转中心等金融机构形成联动。推动成渝融资租赁市场联动，共同研究针对飞机、高端装备、医疗设备等的跨境融资租赁业务。推动成渝两地共建私募基金西部高地，共同开展私募股权投资基金和创业投资基金等创新试点工作，支持合格的公募基金、理财产品、资管计划投资成渝地区的私募基金和风投基金。

（三）建设成渝区域产权交易共同市场

发挥成渝两地产权交易市场比较优势，切实整合资源，推动信息互通、业务互促、市场共享，搭建区域产权交易共同市场，提升西部产权交易影响力。

1. 促进成渝两地联交所协同发展

依托成渝两地联合产权交易所，重点推动成渝公共资源交易平台和资源要素市场业务合作与协同发展。构建完善成渝两地跨区域、跨平台的信息共享、市场联动、交易协同机制，切实降低市场主体交易成本，推动完善远程异地评标、评审等机制，共享完善区域专家资源库。在国有产权交易、诉讼资产处置等各类产权交易领域建立成渝地区开放共享、协同发展的市场体系，促进资源要素跨区域有序流动和优化配置。

2. 促进专业性要素市场业务协同

目前成渝地区均设立了文化产权、知识产权、农村产权等领域的专业性权益类要素市场，应紧密结合两地产权交易需求，聚焦成渝地区双城经济圈建设重点内容，推动成渝两地要素市场在业务信息共享、业务办理流程和交易模式协同互认，在碳排放权等交易产品创新合作等方面积极探索，着力促进成渝地区企业共享共用两地产权交易市场，在更广范围内有效配置资源。

（四）完善资本要素市场运行体制机制

在资本要素市场所有制改革、金融配套服务以及信用信息共享等方面着力完善市场化运行机制。

1. 推进资本要素市场所有制改革

尊重要素市场发展规律，减少政府对要素平台建设、运营、管理的直接干预，营造适于要素平台发展的制度环境，提升要素平台市场化水平。分散式股权结构有利于要素市场实现真正的市场化运作模式，应积极推动成渝两地要素市场进行股份制、公司制改造，推行股权多元化改革，积极引入战略投资、社会资本投资，探索开展混合所有制改革，鼓励社会资本和国有资本交叉持股要素市场，推动要素产品的定价机制，机构准入和运作模式等按照国际化惯例、市场化规则来推进，减少政府干预。

2. 优化资本要素市场金融配套服务机制

加强成渝地区金融合作，着力构建优化为资本要素交易配套的融资租赁、基金管理、资本管理和运营创新要素等资本创新服务体系，支持成渝两地融资担保、资产评估、金融咨询、保险中介、第三方支付、信用增级等金融服务机构跨区经营和拓展市场，加强与成渝资本要素交易平台的业务合作，促进提升资本要素市场经营水平和服务效率。高标准对接国际经贸规则，向中央争取在重庆试点推出金融业开放负面清单，探索金融业对外资实行准入前国民待遇加负面清单管理模式，进一步推动金融服务业对符合条件的民营资本和外资机构扩大开放，鼓励吸引国际国内知名会计师事务所、律师事务所、资产评估机构、信用评级机构在成渝地区设立分支机构或区域性总部，加强对信息咨询、培训、代理、法律等金融辅助产业的支持引进力度。

3. 构建跨区域信用信息共享机制

探索建立一体化、市场化的成渝地区信用体系，促进区域金融业信用信息互联互通、共建共用。扩大人民银行征信系统对地方新型金融机构覆盖面，完善跨区域市场主体信用信息共享机制，引导成渝两地各类征信机构、评级机构之间加强交流和合作，大力发展跨区域的征信市场和评级市场。建立成渝地区金融监管长效机制，编制成渝金融稳定指数开展动态监测，加强成渝两地资本要素市场风险协同监管，完善区域性金融风险防范机制，推进跨区域风险联防联控，加强金融市场全过程监控，运用大数据、云计算、区块链等现代信息分析技术，及时揭示金融市场可能存在的风险，提升成渝两地跨区域金融市场风险监测、预警和处置能力。

五、政策保障

（一）建立成渝跨区域合作机制

建立成渝两地的高层次金融协调机构，搭建跨区域部门间的金融协作机制，形成两地金融发展合力。建立成渝跨区域的金融政策设计机制、金融项目推进机制、金融试点争取机制，共同研究金融服务政策的制定，协同解决项目推进过程中的问题，共同争取国家层面支持资本要素市场一体化的各类政策试点等。

（二）全面优化成渝两地营商环境

深化成渝两地金融领域放管服改革，全面优化营商环境，吸引更多金融服务机构入驻。建立成渝两地金融与司法、海关、商务等部门的协调监管机制，重点推进金融知识产权保护、金融信息披露等领域的法律制度建设，建立专业的金融法院，提升涉外金融案件审理的专业性和效率，构建国际化的法律法规环境。

（三）切实加强金融人才保障

成渝两地协同推进研究制定金融人才需求目录、团队建设规划、人才激励保障等政策，完善金融人才所得税、子女就学、居住等配套政策，营造良好的生活、工作环境。鼓励成渝两地高校加大对金融、经济类专业人才的培育力度，鼓励和支持各类金融机构自主或联合开办各类金融人才培训学校、中短期人才培训活动，加快实用性金融人才培育进程。在全球范围内长期性延揽具备全球视野和创新能力的高端金融人才，发挥国际专业性服务机构对国际金融专业人才引进的桥梁作用，通过顾问、特聘等形式引进行业尖端智慧。

专题四

成渝地区双城经济圈技术要素市场一体化研究①

① 本专题执笔人员:罗宇航。

本文在中国特色社会主义市场经济体制框架下，以技术要素市场研究理论为基础，着力研究区域技术要素市场一体化发展的路径，为“十四五”期间重庆市和四川省共同培育创新动力源提出发展思路，助力成渝地区双城经济圈建设成为具有全国影响力的科技创新中心和先进制造中心。

一、技术要素市场研究基本理论

（一）技术交易与技术市场基本概念

技术交易是指技术供需双方关于技术成果所有权、使用权的交易行为①。技术交易及技术交易市场涉及创新主体、技术成果转移、政府科技政策激励、科技金融等综合性领域。

技术市场是从事技术中介服务和技术商品经营活动的场所。它以推动科技成果向现实生产力转化为目的，主要开展技术交易服务，把科研中试产品或科技新产品通过市场方式进行推广与应用。技术市场是连接科技与经济的桥梁，在促进科技创新、科技与经济融合发展等方面具有重要作用。

技术要素市场化配置的主要功能是激发技术供给活力，促进科技成果转化。主要途径有：一是激活产权激励，开展赋予科研人员职务科技成果所有权或长期使用权试点，并行推进职务成果“三权”改革和所有权改革试点；二是激活中介服务活力，建立国家技术转移人才培养体系②。

---

① 管理科学技术名词，全国科学技术名词审定委员会公布，2016，科学出版社。

② 2020 年 4 月 9 日，中共中央、国务院发布《关于构建更加完善的要素市场化配置体制机制的意见》。

（二）国外技术交易理论研究要点

从时间上看，国外技术交易理论研究可以分为三个时期。一是20世纪80年代以前，技术交易研究主要集中在跨国技术转移，特别是发达国家和发展中国家之间的技术转移。并引起了公共政策等理论的持续关注。其研究主要包括：技术转移战略、过时技术转移和最优许可合同及支付合约模式。二是20世纪80年代以后，学术界开始关注国内技术转移和获取竞争优势等领域。其主要研究领域为：技术政策、技术交易中市场失效与政策调整、合作研究等。其核心观点是：市场配置技术资源的效率、政策制定者，以及大学、政府研究机构在技术变革中的作用。主要理论基础包括新古典经济学、产业政策理论和区域经济发展理论等。三是2000年以后，学术界开始关注技术交易中微观主体的行为，建立了基于信息不对称理论、委托—代理理论、交易费用理论、市场单边道德风险理论等模型，在模型演绎的基础上探讨了促进技术发展的公共政策、融资模式等政府策略①。

（三）国内技术交易市场理论发展研究

我国学者对技术交易市场理论研究受到我国经济体制演变的深刻影响，主要经历了有计划的商品经济条件下的技术商品化认识论、建设中国特色社会主义市场经济条件下的产权要素交易理论、十九大以来的技术交易市场一体化建设论等过程。

有计划的商品经济条件下的技术商品化认识论。20世纪80年代，我国开始了技术交易市场发展实践。1980年10月，国务院颁布《国务院关于开展和保护社会主义竞争的暂行规定》。规定指出“对发明创造的重要成果要有偿转让”。这份文件为我国技术交易场所的设立奠定了制度基础。1983年5月，上海市科委在全国率先组织成立了技术市场机构——上海科学技术开发交流中

① 董正英．技术交易、中介与中国技术市场发展，复旦大学博士学位论文［C］．上海：2003.

心，随后就成为一个固定的综合性“常设技术市场”①。1993 年 12 月，由国家科委和上海市政府联合创办的上海技术交易所成立，这是我国第一家国家级技术交易所。与此同时，国内学者对技术交易市场的研究也逐渐起步。1980—1990 年，我国学者对技术市场的形成与发展、技术定价、技术市场等问题进行了理论探讨，初步认为：技术是商品经济发展的客观必然性；确立了描述技术市场的基本框架；技术商品化的障碍涉及技术、经济体制、科技体制和法律等方面②。这些理论共识促进了我国技术交易市场的成长。

建设中国特色社会主义市场经济条件下的产权要素交易理论。2000 年以来，随着中国特色社会主义市场经济制度的建立和逐步完善，技术作为产权交易的重要要素成为共识，丰富了我国技术交易市场发展理论。学者们的研究主要集中在以下领域：一是技术要素价格研究，主要有技术交易定价（杨玉武，2003）、技术要素价格形成（刘燕华，2004）、技术交易成本（韩继坤，2008）等；二是技术交易市场体系建设与运行效率研究，主要有技术转移体系（傅正华，2010）、技术市场要点（张江雪，2010）、技术市场运行效率（李柏洲，2011）、技术转移效率（毕娟，2013）、技术产权交易市场运行机制（杨贺，2014）、技术交易效率（华冬芳，2018）、技术市场扩散（马鹏晴，2020）等；三是技术交易中介服务研究，主要有中介服务体系（刘柱，2015）、转移服务体系（刘伟卓，2017）、技术经纪人市场（林春波，2019）等。这些理论在我国特色社会主义市场经济制度框架下，借鉴西方技术交易理论和西方经济学理论基础，为我国技术交易市场迅猛发展奠定了基础。

党的十九大以来，学术界开始探索区域技术交易市场一体化建设路径。周正柱（2020）认为，长三角技术市场一体化建设需从市场协调机制和政策、市场信息和法律法规、科技服务中介等方面入手。彭敏等（2020）认为，成渝双城一体化技术交易市场建设需要积极推动组织机构一体化、平台建设一

① 吴寿仁. 上海科技成果转化 40 年[EB/OL].[2018 - 7 - 9],https://www.sohu.com/a/240207782_686936.

② 董正英. 技术交易、中介与中国技术市场发展,复旦大学博士学位论文[D]. 上海,2003.

体化、人才培育一体化、政策标准一体化等建设。技术交易市场一体化建设论尚处于探索之中，抛砖引玉的学术观点争鸣有利于我国推进省际技术交易市场一体化实践。

（四）对技术要素交易市场一体化的界定

根据理论与实践，结合重庆市和四川省发展要求，课题组对本文技术要素市场一体化界定为：将相互分割的、分属于重庆市和四川省的技术要素市场或技术产权交易市场，通过制度协同、标准统一、信息共享、市场开放、监管协调等方式进行整合，构建统一的区域市场，旨在打破省级行政壁垒，通过促进技术要素跨区域充分流动与融合，以实现生产要素的统筹、优化和高效配置，最终促进区域一体化发展。推进成渝地区双城经济圈技术要素市场一体化建设是实施成渝地区双城经济圈发展战略的重要内容之一，对促进区域制造业高质量发展、培育创新动力源具有基础性作用。

二、成渝地区双城经济圈技术要素市场发展现状

成渝两地技术市场是我国区域技术市场的重要组成部分，发挥着释放创新潜能、增强创新动能的重要基础性功能。“十三五”期间，重庆市和四川省大力推动技术交易市场发展，两地技术交易市场成为全国第四大技术交易区域市场。2019 年，重庆市和四川省技术合同交易额 1366 亿元，已占全国的 6.1%，是我国仅次于京津冀地区、长三角地区和粤港澳大湾区的技术交易区域市场，科技对经济增长的贡献率超过 50%（表 5－1、表 5－2）。

表 5－1　2019 年全国四大区域技术交易市场

区域	交易总额（亿元）	占全国比重（%）
京津冀地区	7000	31.3
长三角地区	4625	20.6
粤港澳大湾区	2123	9.5
成渝地区双城经济圈	1366	6.1

数据来源：科技部火炬高技术产业开发中心 . http：//www.chinatorch.gov.cn/kjb/hjdt/202003/dc4f95b6bcd94578a260ce46c961389d.shtml.

表5－2　2019年重庆市和四川省技术交易规模

地区	技术合同交易额（亿元）	技术合同交易数量（个项目）	科技对经济增长贡献率（%）
重庆市	150	3822	50①
四川省	1216	13232	58②

数据来源：课题组收集整理。

（一）成渝地区技术交易市场主要特点

当前，成渝地区技术交易市场发展主要有3个特点。一是高校、企业、科研人才等市场主体有一定规模效应。市场主体是技术市场最活跃的因素，也是区域科技创新和培育新经济新动能最根本因素。“十三五”期间，两地高新技术企业和科研人才等市场主体规模逐年增长（表5－3），有力促进了市场交易活跃度，提升了经济增长动力。二是创新平台体系发展各具特色。创新平台体系反映了技术交易市场的含金量。重庆市以技术研发为重点，大力发展以重点实验室、工程技术研究中心和新型研发机构为支撑的创新平台体系。四川省以技术转化为重点，大力发展以科技企业孵化器、大学科技园和众创空间为支撑的支持产业化发展。三是基本形成企业主导的技术要素配置模式。据2019年相关数据显示，四川省企业、政府属研究机构、高等学校R&D经费支出所占比重分别为57.8%、32.4%和9.0%；重庆市企业、政府属研究机构、高等学校R&D经费支出所占比重分别为82.4%、5.2%和9.4%。

表5－3　2019年重庆市和四川省科创主体规模

	高校（所）	有效期内高新技术企业（家）	研发人员（万人）
重庆市	65	3141	13
四川省	126	5669	16

数据来源：课题组收集整理。

① 重庆新闻联播《打造西部创新高地　重庆科技创新对经济增长贡献率超过50%》https://v.youku.com/v_show/id_XNDM2MTQ0NTc4NA==.htmlhttps://v.youku.com/v_show/id_XNDM2MTQ0NTc4NA==.html.

② 四川省人民政府网，2020年5月13日，http://www.sc.gov.cn/10462/10464/10465/10574/2020/5/13/dd9dea27c7974ef481d1b1571064199b.shtml.

（二）科技成果产权激励改革取得明显成效

“十三五”期间，两地稳步推进科技成果激励机制改革，激发科研人员创新潜能。一是职务科技成果所有权改革试点。重庆出台了《重庆市促进科技成果转化股权和分红激励的若干规定》《重庆市科技成果初始权益分配制度改革扩大试点方案》，开展职务科技成果分配改革试点等系列工作。新修订的《重庆市促进科技成果转化条例》赋予科技成果完成人更多的职务科技成果权属。四川出台《关于扩大职务科技成果权属混合所有制改革试点的指导意见》，将试点单位从20家扩大到45家[①]，涉及高等院校、科研院所、科技型企业、医疗卫生机构。二是深化以增加知识价值为导向的分配改革。重庆方面，建立绩效工资水平动态调整机制，科技成果转化收益奖励、横向委托项目人员奖励、高层次人才激励性报酬等不纳入绩效工资总额管理。在西南大学等10家高校院所开展科技成果初始权益分配改革试点。四川方面，出台《四川省激励科技人员创新创业十六条政策》《四川省扩大高等学校科研院所医疗卫生机构人事自主权十条政策》，通过产权、分红激励等方式实现长期激励，在全国率先允许科研单位与职务发明人约定职务科技成果权属，通过转让或许可取得净收入中允许提取不低于70%的比例用于奖励。

（三）科技成果市场化改革促进技术转移服务市场体系建设

“十三五”期间，两地深入推进科技成果市场化改革，加快完善技术转移服务体系。一是加快科技成果评价市场化改革试点。2016年科技部废止了科学技术成果鉴定办法后，重庆和四川根据各自的实际情况对科技成果评价进行改革试点。2017年，重庆在沙坪坝区、江津区、荣昌区、丰都县等地开展了科技成果评价试点，新修订完善《科技成果评价试点暂行办法》，研究制定《重庆市科技成果登记办法》。四川先后出台《四川省科技成果评价通用规

---

① 45家试点单位包括：西南财经大学、中国电科集团十所等中央在川单位9家，四川农业大学等省属高等院校14家，省中医药科学院等省属科研院所17家，四川大学华西第二医院等医疗卫生机构3家，成都西南交大研究院有限公司等科技型企业2家。

范》《四川省科技成果评价改革试点方案》，支持一批基础好、运行规范、在市场中具有一定知名度和影响力的单位试点开展工作。2017 年，成都西南交大科技园管理有限责任公司、成都市科技评估中心牵头成立成都市科技成果评价联盟。2018 年，四川省科技成果评价联盟成立，由四川省技术转移中心、中科合创（北京）科技成果评价中心四川分中心、成都生产力促进中心等 28 家单位组成。二是加快推进科技成果转化改革。“十三五”期间，科技部和国家知识产权局支持重庆和四川开展科技成果转化改革，着力打通科技成果转化交易瓶颈。政策方面，重庆出台《关于进一步促进高校科研院所科技成果转化若干措施》《重庆市技术转移体系建设实施方案》《重庆市促进科技成果转化条例》等，四川实施《四川省促进科技成果转移转化行动方案（2016—2020 年）》等。技术转移体系方面，持续扩大国际博览会影响，完善国家级的技术转移服务平台，重庆建设国家知识产权重点城市，发展技术转移机构，其中重庆科技服务大市场是重庆市最大的技术交易市场；四川依托“一核多极”[①] 的布局，推进国家技术转移西南中心“1 +4 + N”体系建设和“1 + N”知识产权交易平台。三是推动国际科技合作，培育国际技术市场。在科技部的支持下，重庆和四川建立了一批国家级国际科技合作基地。其中，重庆重点在汽车、新材料、生物医学、畜牧业、环境监测、大数据智能化等领域开展国际科技合作，四川重点在生态保护、新材料、通信、核技术、生物医学与制药、轨道交通、果树等领域开展国际科技合作。以国际科技合作基地为平台，培育国际技术市场。例如，中国—匈牙利技术转移中心（重庆）和欧盟项目创新中心（成都）都发挥了跨国技术合作的重要桥梁作用。

（四）稳步推进科技金融市场发展

“十三五”期间，两地稳步推进科技与金融融合发展。一是培育科技金融服务体系。重庆发挥科技金融服务中心的作用，出台《重庆市产业引导股权

---

① 以四川成德绵国家科技成果转移转化示范区为核心，省级科技成果转移转化示范区为支撑的“一核多极”的科技成果转移转化示范区。

投资基金管理办法》《重庆市知识产权质押融资管理办法（试行）》等政策，成立市国资委独资的重庆科技金融集团有限公司，建立科技股权投资基金、科技融资担保、科技金融服务联盟等服务体系，促进合作银行扩大科技型企业知识价值信用贷款改革试点。四川出台《四川省科技金融发展规划（2018—2020年）》《成都市金融科技发展规划（2020—2022年）》，依托全国首批促进科技与金融试点地区成都市高新区，着力向全国推广科技金融改革创新经验。2019年，四川知识产权运营基金规模10亿元，知识产权质押融资额累计超过100亿元。二是推进科技成果资本化。瞄准创业板和科创板，支持科技公司上市，截至2020年7月，两地共有创业板上市公司37家、科创板上市公司3家。三是积极布局金融科技。重庆出台《重庆市人民政府办公厅推进金融科技应用与发展的指导意见》，依托“中国智谷（重庆）”等战略性新兴产业集群、国家工业和信息化部物联网产业示范区、国家科技部移动通信产业基地、两江新区数字经济产业园，培育金融科技产业生态圈，着力打造西部金融科技中心。四川获得中国人民银行、国家发展改革委、科技部等六部委批复，开展金融科技试点。

三、成渝地区双城经济圈技术要素市场一体化发展存在的主要障碍

受协同机制缺位、国家金融监管、跨境技术流动安全等因素影响，重庆市和四川省技术要素市场一体化发展面临较大的障碍。

（一）技术交易市场支持跨区域创新的协同机制缺位

川渝两地技术要素市场封闭性较强，技术要素流动并支持跨区域创新的机制尚未建立。一是缺乏支持两地协同创新的实质性政策。2012年以来，川渝合作示范区（广安片区）逐渐发展起来，重庆市科委开始支持四川省广安市与重庆市区县开展科技合作，但是广安市与重庆市区县的科技合作未被纳入四川省技术转移示范区建设等政策性支持范围。2018年，重庆市科委与四

川省科技厅签订战略合作协议，从7个方面推进科技协同创新。但是，落地的项目与支持政策效果不明显。二是市场监管服务协调性不够。如地方性科技资质缺乏互认机制。知识产权执法协作机制尚未建立。三是科技资源相互流动差异比较大。重庆科技资源总量远远小于四川，因此重庆科技资源向四川流动力比较弱，而四川科技资源向重庆流动力比较强。政府科技奖励具有引导科技资源流动的作用。2019年度四川省科学技术进步奖奖励项目中，仅有2项涉及重庆单位；2019年度重庆市科学技术奖奖励项目中，有16项涉及四川单位。

（二）技术交易市场功能交叉重复

重庆和四川存在比较多的技术交易市场，但是这些市场总体上呈现功能交叉重复、无序竞争的现象。一是技术交易市场统一性不够，功能交叉重复。两地“联合产权交易所”“知识产权交易所”“科技要素市场”“科技要素交易平台”“科技成果转移转化平台”等命名的技术要素交易市场，各自圈地发展，其交易标的、科技权益服务等功能交叉重复、同质化。例如，重庆高新区设立重庆科技服务大市场和重庆科技要素交易中心，两个市场都提供商标、专利、软件著作的同质服务。二是两地技术交易平台发挥基础导向功能不明显。两地技术交易平台已经形成地方政府、地方企业、地方高校、中央企业等多方投资格局，交易市场引导技术要素向重点产业、新兴产业聚集的动能不突出，甚至有些交易平台交易业务经年都处于停滞状态。

（三）科技金融发展动能趋弱

“十三五”期间，在中央防范金融风险的高压下，国家政策严厉监管跨省级行政区的企业股权金融服务行为，川渝两地金融资本服务科技创新和技术交易的动能明显减弱。中国证券监督管理委员会2017年7月1日实施的《区域性股权市场监督管理试行办法》（中国证券监督管理委员会令第132号令）第三十一条规定：“区域性股权市场可以在依法合规、风险可控前提下，开展业务、产品、运营模式和服务方式创新，为中小微企业提供多样化、个性化的服务。”第三十二条规定：“区域性股权市场不得为其所在省级行政区域外企业证券的发行、转让或者登记存管提供服务。”受此条规的限制，两地的金融机构很难跨省提供技术转移服务，近年来，科创类风险投资规模逐年减少。例如，重庆产业引导股权投资基金经过 5 年运作，筹资认缴规模达到 1306. 5 亿元，但是投资重庆项目仅 103 个、投资规模仅 377. 6 亿元[①]，投资规模仅占筹资认缴规模的 28. 9%。2016—2018 年，全国各类创投机构投资四川省企业的数量逐年下降，分别是 151 家、121 家、118 家[②]。

（四）技术跨境流动受到多重限制

国际科技合作具有明显的政府主导、非市场化特点，技术跨境流动往往面临国际贸易规则或属地国政府的安全审查等障碍。一是科技合作偏重理论与技术试验，企业市场化合作比较少。例如，中国—匈牙利技术转移中心（重庆）2016 年成立以来，仅实施落实了 6 个合作项目。二是技术跨境流动必须严格符合国际贸易规则。2018 年 6 月，欧盟认为我国政府关于技术转让措施不符合《与贸易有关的知识产权协定》等世界贸易组织（World Trade Organization，WTO）规则的相关规定。三是对外跨境技术合作或海外并购往往会遭到严格的审查限制。2018 年 12 月，四川省的天齐锂业公司经过近两年时间完成对智利矿业化工公司的股权收购，就经历反垄断审查、收购诉讼等复杂法律程序。

四、推进成渝地区双城经济圈技术要素市场一体化建议

重庆和四川的技术要素市场发展需求不同，推进技术要素市场一体化建设需要双方“求同存异”，谋求一体化建设的契合点。

---

① 重庆产业引导股权投资基金五年结硕果，重庆市财政局网站，http://czj. cq. gov. cn/html/xxgk/gzdt/czdt/content－26598. shtml，2019 年 6 月 3 日。

② 2019 四川新经济独角兽梯度企业报告重磅发布，毕友网 http://www. beeui. com/p/3951. html，2019 年 1 月 15 日。

（一）建立合作机制，协同落实国家科技战略

两地制度设计需要把携手落实国家科技战略放在首位，引导技术要素协同向先进生产力集聚。一是建立共享合作的体制机制。重庆市政府与四川省政府可共同建立川渝技术合作办公室，对接国家规划，共同制定技术合作三年行动计划（2021—2023 年），把《进一步深化川渝科技创新合作　增强协同创新发展能力　共建具有全国影响力的科技创新中心框架协议》等一揽子合作协议落实到行动上和具体项目上。两地的发展改革部门可共同制定成渝地区双城经济圈国家技术要素市场一体化改革试验区方案。两地科技、教育、工业等行政部门共同向国家有关部门申请重大科技基础设施和科技项目布局、重大产业技术联合攻关等。二是在战略新兴产业集群和重大产业技术方面出台协同创新的政策。政府科技资源配置向川渝产学研联合体倾斜。政府科技服务采购接受川渝企业联合体投标。地方政府产业政策向“研发 + 制造（中试）”的川渝企业供应链或产业链倾斜，支持企业和高校在两地建立“1 + N”技术体系。推进重庆市科技资源共享平台和四川省科技资源共享服务平台互联互通。

（二）达成改革共识，协作推进科技成果转化市场化改革

两地需要加强科技成果市场化改革协作，确定改革方向，规范工作程序。一是共建通行通用的技术成果评价标准。支持国家技术转移中心西南中心牵头起草《科技成果评价规范》，该规范作为川渝两地评价科技成果的重要地方标准。支持国家知识产权运营服务体系建设重点城市重庆市江北区和四川省成都市共同起草《知识产权评价规范》，该规范作为川渝两地评价知识产权重要的地方标准。以上两条标准将作为获取投资、许可、转让、合作中对技术成果价值的重要评判依据。二是共同推进职务科技成果产权改革。两地科教行政管理部门共同协商科研院所职务科技成果产权改革事宜，统一规范所有权比例原则和确权程序。在国有企业混合制改革中，共同引入试点单位职务科技成果。支持职务科技成果入股。三是共同推进知识产权综合管理改革。

实现两地高新技术产业开发区在知识产权数据信息资源方面开放共享。促进重庆市江北区和成都市开展知识产权审查合作，共建国家知识产权运营服务体系。建立执法协作机制，开展知识产权联合执法，共同打击知识产权侵权行为。促进知识产权服务业合作，共同培育知识产权人才。

（三）破除行政壁垒，建立互联互通、有序竞争的技术交易市场

以市场交易为核心，逐步破除行政壁垒，对交易规则进行规范统一，促进交易信息流通，提供跨交易平台的交易服务。一是清除地方政府政策壁垒。在技术交易、招投标、技术项目申报、技术资格认证等领域废除排他性的政策或政策“隐形门”。着力消除地方财政对技术交易市场、知识产权交易平台等不合理的财政补贴或奖励。二是建立技术交易市场工作网。推进国家技术转移中心西南中心、西南联合产权交易所、成都知识产权交易中心、重庆联合产权交易所四个交易市场技术成果（含知识产权）转移转化工作网络建设，促进四个交易所线上线下服务、展示、交易等业务互联互通。把川渝两地的国家技术转移示范机构、国家级创新驿站、国家级科技企业孵化器、国家备案众创空间、国家高新技术企业纳进四个交易所会员单位，实现“一所入会、四所业务共享”。三是统一技术市场服务规则。共建技术市场交易联盟，由联盟统一制定市场交易结算制度、服务机构资格或资质认定、服务类别和收费标准、自律监管等市场规则。促进技术市场交易信息开放共享，破除两地技术成果流动的信息壁垒。共同遴选技术市场高级专家库，培养技术经纪人、经理人、代理人等市场服务人才。开展信用联合惩戒，实施限制交易。四是建设智能化市场交易平台。针对年交易额上亿元的重点交易平台，在交易、查询、结算、信用等服务方面，运用云计算、大数据、区块链等信息技术，提升智能化水平。

（四）促进产业分工，共同打造区域特色技术转移平台

围绕重点领域与重点产业分工，共同打造服务成渝地区双城经济圈的技术转移平台，配套科技金融融合服务。一是面向重点产业集群，打造一批具

有行业影响力的特色化技术转移平台及服务体系。部地合作方面，争取科技部进一步支持川渝两地共建国家技术转移西南中心交易平台体系和成德绵国家科技成果转移转化示范区。重庆方面，加强与四川省合作，共同打造两江新区智能汽车技术和电子信息技术转移平台、巴南区生物医药技术转移平台、重庆市科学技术研究院军民融合创新服务平台、重庆联合产权交易所等技术转移平台。四川方面，携手重庆市，共同打造成都市轨道交通技术转移平台、中医药技术转移平台、食品技术转移平台、数字新媒体技术转移平台、成都知识产权交易中心、西南联合产权交易所、德阳市智能装备技术转移平台、绵阳市新材料技术转移平台等技术转移平台。二是共同提升技术转移机构服务能力。立足技术转移平台特色化发展方向，相互支持提升国家技术转移示范机构服务质量，提升高校、科研院所专业化技术转移机构服务能力；设立培训基地，共同培养职业化技术经纪人或技术经理人。三是提升跨区域科技金融融合服务动能。推动成渝共建国家金融科技认证中心，支持优秀金融科技企业和研发创新团队，围绕人工智能、大数据、云计算、区块链等底层关键技术，形成一批知识产权和专利，促进金融科技资源要素聚集和自由流动。两地共建新兴产业投资基金，吸引国内外创新资本，面向国内和川渝两地，共同投资集成电路产业、智能产业、新材料产业和数字产业。以资本市场为纽带，两地共同支持科技型企业上创业板和科创板，促进两地建立高科技产业合作机制、大数据智能产业协作机制和高新技术产业联盟，建立知识产权执法协作机制。促进重庆两江新区和四川天府新区、重庆高新区和成都高新区的科技金融服务平台对接，为科技型中小企业开展知识产权质押融资、融资担保、贷款贴息等科技金融服务，为中国西部（重庆）科学城实体单位提供服务。对两地企业年金、社会资本等以合法方式投资对方的科技类上市公司不设置特殊壁垒。四川支持重庆建设西部金融科技中心。重庆支持四川省扩大金融科技试点。

（五）深化互信共赢，共同拓展国际科技合作

围绕产业链，共同开展区域技术合作，推动与“一带一路”国家在技术

要素跨境流动的互信，完善平等共赢的国际科技合作规则。一是共建科技创新合作示范区。推动中国西部科学城共建国家级重大科学基础设施、重点实验室和工程研究中心。在智能汽车、高端装备、人工智能应用、新材料、新能源、绿色食品等领域创建国家区域技术合作基地。二是扩大国际科技合作基础。促进川渝两地重点产业链骨干企业与国际科技合作基地对接，在国际科技合作项目上共同开展联合攻关，对发展中国家实施技术援助项目。支持大型企业集团在国外优化布局研发中心，建立跨国研发网络。川渝共办中国国际智能产业博览会或具有政府背景的国际智能产业峰会。三是共建国际技术服务转移中心。面向中日韩自由贸易区，川渝共建汽车、电子、半导体、新材料等跨国科技服务平台和技术转移中心。面向区域全面经济伙伴关系（Regional Comprehensive Economic Partnership，RCEP），川渝共同在东盟国家布局农业、食品、汽车、纺织服装等产业技术服务平台和技术转移中心。在中新（重庆）战略性互联互通示范项目下，开展中国—新加坡创新要素跨境便利流动试点，吸引四川科技资源共同开展金融科技、产业技术等项目合作，并在新加坡设立研发服务中心。四是建立一体化技术出口产业链。发挥汽车、轨道交通、机电机械、能源、建筑、农业等技术优势，川渝共建“研发 + 制造 + 出口 + 跨境服务”一体化技术出口产业链。

专题五

成渝地区双城经济圈数据要素市场一体化研究①

① 本专题执笔人员:施小兰。

要素配置市场化程度是区域市场化程度的重要标准，2020 年 4 月中共中央、国务院印发《关于构建更加完善的要素市场化配置体制机制的意见》，首次将数据要素纳入市场化改革范畴，明确了数据资源的战略意义。数据要素通过与其他生产要素联动，在土地、劳动力、资本、技术等要素的流动环境、流转效率、流通平台等层面发挥着重要作用。当前成渝地区双城经济圈建设已上升为国家战略，但区域间数据要素流动仍面临技术及体制机制等障碍，制约着成渝地区市场一体化发展，需加快探索培育数据要素市场，以数据要素互联互通带动产业、人口及各类生产要素合理流动和高效集聚，进一步推进成渝地区高质量一体化发展。

一、数据要素市场一体化相关理论基础

（一）国外相关研究基础

随着经济发展和社会进步，西方经济学从经济增长驱动要素角度出发，先后形成了重商主义理论、重农主义理论、古典经济学理论、新古典经济学理论以及内生增长理论等系列成果。马克思的重商主义体系是对现代资本主义生产方式所作的最初理论考察。15 世纪至 17 世纪的重商主义体现了商业资本的利益，认为财富就是贵金属，商业和对外贸易是财富的源泉，主张发展商业、航运业和对外贸易。18 世纪中叶，重农主义在法国兴起，把经济理论研究的重心从流通领域转向生产领域。重农学派认为农业劳动是唯一的生产劳动，工商业资本及工人是非生产阶级，只有农业才能生产出“纯产品”，资本应该大量投入农业，农业富庶是国家强大的基础。古典经济增长理论中，

亚当·斯密（1776）首次对经济增长实现路径进行研究，强调土地、资本、劳动力等要素对经济增长的影响及作用。哈罗德（1939）、多玛（1946）先后提出“哈罗德—多玛模型”的增长模型，对资本产出比、资本劳动比、劳动力增长率以及规模收益做出不变假定，他们认为资本积累对于经济增长起着至关重要的作用。新古典经济学理论中，索洛（1957）提出技术进步对经济增长具有重要贡献，并把劳动生产率、投资和技术进步综合起来考察，认为资本应主要用于推动技术进步，从而提高劳动生产率。新经济增长理论中，阿罗（1962）假定技术进步或生产率的提高是资本积累的副产品，将技术进步解释为由投资决定的内生变量。罗默（1990）强调经济稳态增长率取决于知识或人力资本的积累率。卢卡斯（1988）强调了人力资本的外部性，把资本划分为物质资本和人力资本两种。

总体来看，西方经济学主张自由竞争，认为市场机制是实现经济增长的关键。生产要素作为推动经济增长的重要一环，只有在市场配置下才能更好地发挥作用，这需要通过要素市场配置生产要素，促进要素自由流动，提高要素市场一体化程度。限于时代发展阶段和生产力水平，西方经济学中涉及要素市场的相关研究多为资本、劳动力和技术等要素，对数据等新兴要素的研究较为空白。

（二）国内相关研究基础

随着经济社会的不断进步，以及互联网的快速发展，数据作为一种新兴的基础性战略资源，是推动生产生活方式转变的关键要素，从国家、政府到企业、学者对数据要素市场化配置的关注度和重视程度日益提高。顶层设计层面，2020 年 4 月，中共中央、国务院印发《关于构建更加完善的要素市场化配置体制机制的意见》，提出土地、劳动力、资本、技术、数据五大要素领域的改革方向，将数据作为生产要素，明确了要“加快培育数据要素市场”“引导培育大数据交易市场，依法合规开展数据交易”。这为我国培育和发展数据要素市场、进一步完善数据要素市场化配置体制机制指明了方向和路径。

学术研究层面，曾铮、王磊（2021）认为针对我国数据要素市场制度体系化、治理法治化、管理落地化程度不高等矛盾，应该结合制度体系现状、重要次序、难易程度等几个方面设计时间表和路线图，逐步建立健全数据要素的产权制度、安全管理制度、流通交易制度、市场监管制度等，实现数据要素价格市场决定、流动自主有序、配置高效公平，推动建设高标准数据要素市场体系①。王谦、付晓东（2021）认为新形势下，加强数据基础设施建设、数据要素市场构建、数据要素治理是保障数据要素赋能经济增长、进一步挖掘数据要素潜在价值的关键②。何玉长、王伟（2021）认为数据要素市场化是市场经济条件下资源优化配置的需要，应加快数据标准化制定、健全数据评估和定价机制、拓展数据市场交易平台、优化数据资源配置、完善数据交易系统，推动数据要素市场化建设③。林志杰，孟政炫（2021）从互补性资产理论出发，探讨数据与技术、资本、劳动生产要素的结合机制，得出以下结论：在与技术要素的结合上，数据要素的加入能够帮助创新企业更有效地使用互补性资产，从而促进技术创新；在与资本要素的结合上，数据要素的加入降低了企业获取作为生产资源和营销资源的互补性资产的成本，从而促进成本创新；在与劳动要素的结合上，数据要素能够从产品设计和生产方面提升互补性资产的生成效率，从而促进流程创新④。

综上所述，数字经济时代，世界各国对数据资源的重视程度不断提升，我国数据要素的市场化配置也逐步上升至国家战略高度。数据要素市场化作为国家长远发展的新要求、面临的新问题，国内学者对数据要素市场化配置的研究主要集中在数据要素市场化的释义、数据要素对经济增长的作用机理等方面，在数据资源价值的挖掘、利用和保护等方面仍处于初步探索阶段。

---

① 曾铮，王磊．数据要素市场基础性制度：突出问题与构建思路[J]．宏观经济研究，2021(03)：85－101.

② 王谦，付晓东．数据要素赋能经济增长机制探究[J]．上海经济研究，2021(04)：55－66.

③ 何玉长，王伟．数据要素市场化的理论阐释[J]．当代经济研究，2021(04)：33－44.

④ 林志杰，孟政炫．数据生产要素的结合机制——互补性资产视角[J/OL]．北京交通大学学报：社会科学版，1－11[2021－04－19]．https://doi.org/10.16797/j.cnki.11－5224/c.20210406.009.

二、成渝地区双城经济圈数据要素市场发展的基本现状

成渝地区围绕政务数据开放共享已构建起各自的公共数据共享平台，正积极探索挖掘数据资源价值，大力推进数据资源整合及安全保护工作，大数据协同发展步伐逐步加快。

（一）公共数据开放总体架构基本建成

四川积极推动数据开放平台建设。2018 年，成都市率先开通上线“成都市公共数据开放平台”，2019 年底“四川公共数据开放网”正式上线运行（图 6－1），泸州、绵阳、广元、遂宁、内江、雅安等市级公共数据开放网站陆续开通上线。目前，“四川公共数据开放网”已发布 49 个省级部门和 10 个市（州）的开放数据总量达 3 亿余条，涵盖教育文化、信用服务、医疗卫生、社保就业、财税金融、城建住房、生活服务、商贸流通、交通运输、生态环境、法律服务等 22 个主题。

图 6－1　四川公共数据开放网网站首页展示

重庆着力构建公共数据资源开放系统。2020 年，重庆市公共数据资源开放系统上线运行（图 6－2），集目录发布、数据汇聚、数据发布、查询检索、统计分析、互动参与、应用展示等功能于一体，截至目前已免费向公众提供首批涵盖 48 个市级部门、20 个主题、800 多类公共数据，涉及市场监管、税

务、司法、交通、卫生健康、教育等领域，是全市公共数据唯一的开放服务门户。

图 6－2　重庆市公共数据开放系统首页展示

（二）数据资源价值挖掘仍处探索阶段

目前，四川省、重庆市政府及社会层面在社会数据资源价值开发应用方面仍处于探索阶段。一是加快谋划大数据产业发展。近年来，围绕大数据产业发展，成都市发布《成都市大数据产业发展规划（2017—2025 年）》《成都市金融科技发展规划（2020—2022 年）》等大数据发展规划，重庆出台《重庆市以大数据智能化为引领的创新驱动发展战略行动计划（2018—2020 年）》《重庆市人民政府办公厅关于推进金融科技应用与发展的指导意见》（渝府办发〔2020〕40 号）等规划意见，推动数据资源要素集聚、价值开发及运用。二是数据应用管理平台建设逐步推进。围绕大数据产业发展，围绕政务数据资源开发应用，重庆于 2018 年机构整合成立重庆市大数据应用发展管理局，旨在促进大数据政用、民用、商用，推动产业数据分级、分类管理和商用。2019 年，四川设立四川省大数据中心，承担全省政府数据、公共数据、社会数据汇聚整合、共享开放、应用融合等数据管理工作。2020 年 10 月，四川组建四川省大数据发展联盟，已汇聚65家在国内大数据领域能力突出的科研院所、高校、企业和协会，旨在聚合共享联盟内数据资源，引领和服务全省大数据发展。围绕社会数据资源价值挖掘，重庆主要由知名运营商和互联网企业建立数据中心，开展数据存储、处理等业务。四川省内主要由各大通信运营商基于通讯数据建设数据中心，开展数据存储、计算等业务。目前，成渝地区尚未建立起数据交易平台，在数据价值开发运用方面的进展仍较滞后。四川、重庆部分数据中心、大数据企业情况见表6－1和表6－2。

表6－1　四川省部分数据中心、大数据企业情况

名称	业务范围	建设情况
中国西部信息中心	面向政府、企业特别是银行、保险、证券等金融机构提供数据存储、灾备、呼叫外包、电子商务和移动互联网等系列服务	2011年在成都高新区竣工投产，是中国电信在西部最大的数据灾备中心和全国第一家"国家级数据安全中心"
华为（四川）大数据中心	为泸州及周边地区提供优质政企云服务，将打造西南绿色节能数据中心、西南智能制造中心、西南电商服务中心、四川省信息消费支撑中心、西南大数据处理中心	2017年在泸州正式上线运营
联想数据中心	为用户提供大数据＆物联网领域的产品、工具与专业服务，帮助用户挖掘数据价值，业务快速转型；利用强大的联想高性能计算（HPC）解决方案加快价值获取时间，改进关键决策，推动创新并加速实现目标等	位于成都高新区，已建成运营
四川电信中立数据中心	为成都乃至整个西部地区的机房规模、标准机位、装机容量和传输带宽等方面，满足西部大区海量数据资源集中存储的业务需求提供保障等	位于成都温江区，2010年落成
中国移动西部云计算数据中心	作为中国移动华中及西部大区互联网数据中心（Internet Data Center，IDC），成都基地将主要发展IDC托管业务，同时也兼顾四川省网集中化的IT支撑平台、核心网、业务平台的需求	落户成都，建设中

续表

名称	业务范围	建设情况
四川移动川南大数据中心	推动智慧城市建设，加大政企行业的信息化投资，尤其为公安行业、教育行业、雪亮工程、智慧城市工程、医疗行业、能源行业等领域提供所需的计算算力，满足存储吞吐量的需求，对电子政务、金融产业、电子信息制造业、生物医药业等产业将起到支持提升作用	2020 年，内江市政府与中国移动四川有限公司签署中国移动四川内江（川南大数据中心）通信机房工程项目合作协议
成都市大数据股份有限公司	一是成都市大数据资产运营商，协助政府汇聚数据资源，通过专业化的市场运营，实现政府数据合法有序、契约化、市场化的开放；二是成都市大数据产业生态圈服务商，积极推动各行各业依托大数据资源，创新商业模式，实现融合发展；三是智慧城市投资、建设、运营服务商，深度参与新一代通讯、数据处理和信息管理基础设施建设，运营基于大数据与人工智能的新型城市智慧中心	大数据公司成立于 2013 年，前身是成都市信息化建设发展有限公司，2018 年 3 月完成股份制改革，更名为成都市大数据股份有限公司，目前是成都产业集团全资控股的二级国资平台公司，公司注册资本 28052. 18 万元
成都数联铭品科技有限公司	是国内最早探索和实践大数据技术和数字经济产业发展的高新技术企业之一，拥有完整的大数据综合服务产品线和丰富的行业解决方案，同时搭建了国内领先的企业数据库和模型库，具备强大的数据治理和建模能力，致力于打造成为“全球领先的大数据金融科技和政府治理智库服务机构”	位于成都高新区
成都数之联科技有限公司	致力于帮助政府和企业设计大数据顶层规划，为客户提供数据采集、存储、治理、分析、应用和可视化等大数据全产业链综合服务。核心业务为政府和企业提供大数据顶层规划与设计、大数据平台集成与建设、大数据分析挖掘平台及企业示范性应用一体化的技术支持和服务	成立于 2012 年，位于成都高新区

续表

名称	业务范围	建设情况
成都探码科技	依托自研强大的大数据技术核心，致力于大数据产业生态链的构建，已在互联网、健康、农业、交通、政务、金融业等产业都成功实现了产品运用，团队规划构建具备国际领先的大数据 SaaS 平台，为产业应用奠定基础	位于成都高新区
成都四方伟业软件股份有限公司	主营业务主要有提供大数据基础平台、数据管理、大数据应用建模分析、大数据并行计算架构设计	成立于 2014 年

表 6－2　重庆市部分数据中心、大数据企业情况

名称	业务范围	建设情况
中国联通西南数据中心	定位为“高端数据中心、全国共享灾备中心、云计算服务中心”，将面向国内政府、金融、大企业战略级客户和 TOP50 互联网客户，打造提供国际标准服务的互联网数据中心；建立容灾备份服务体系，突发灾难时保障客户的信息系统安全和业务连续性；以企业专享云为主，让客户可以随时获取、按需使用、按使用付费	位于两江国际云计算产业园，建设中
浪潮（重庆）云数据中心	开展大数据采集、储存、分析、评估、征信等业务等	位于两江新区水土国际云计算产业园，建设中
中国电信两江腾龙数据中心	该项目将作为腾龙控股集团未来规划的全国 12 个数据中心之一，建成后将为电信运营商、高端金融客户及互联网客户提供专业服务	位于两江新区水土高新生态城，一期项目已落成投用，二期建设中
中国移动（重庆）数据中心	面向中小型企业提供企业云，面向互联网企业提供高速、高效、可靠的服务能力，为各类企业提供数据存储、运算资源，企业数据可以集中在云平台实施统一运行和管理	位于两江云计算产业园，一期已启用，二期建设中
腾讯西部云计算大数据中心	主要为西部乃至全国提供“一体化”的云服务，以及向西南地区工业制造业提供科研级的高性能计算力和互联网科技能力等	位于两江新区，一期已启用，二期建设中

续表

名称	业务范围	建设情况
重庆同城双活数据中心	将为企业提供互联网数据中心托管、大数据存储和处理等服务	位于长寿区，建设中
数字重庆大数据应用发展公司	开展数据采集、汇聚、存储及处理服务；数据开发、分析、应用及相关增值服务；信息技术开发、咨询及转让；软件研发及信息系统集成服务；数据服务平台、云计算平台建设及运营维护等	重庆发展投资有限公司于2019年出资2亿元组建的国有全资企业
重庆撼地大数据有限公司	数据资源覆盖全国全量1.8亿家企业数据，并采用业界领先的模型和算法持续深耕各细分业务场景，构建产业大数据应用生态圈。已形成面向政府、园区、企业、金融机构的产业智能综合服务体系	于2018年成立

（三）数据资源整合及安全保护持续推进

以制度规范推进信息安全保护。四川、重庆分别出台《四川省政务信息资源共享管理实施细则（暂行）》《重庆市政务信息资源共享开放管理办法》，着力促进政务信息系统互联互通，为政务信息资源共享和开放提供制度保障。2018年，成都市人民政府办公厅出台《关于加快推进网络信息安全产业体系建设发展的意见》，探索在量子保密通信、区块链安全、工业信息安全、云计算与大数据安全等重大应用领域，实施网络信息安全应用试点示范工程。重庆市人民政府办公厅发布《关于开展中小企业商业价值信用贷款改革试点工作的通知》，探索利用防火墙、区块链等先进技术记录涉企数据来源、走向、运用及输出痕迹，建立涉企数据安全保密责任制度。2020年9月，重庆市人民政府办公厅印发《重庆市公共数据开放管理暂行办法》，明确公共数据开放范畴、建立全流程数据开放利用制度，为公共数据开放服务提供法制保障。

以机构建设强化数据整合保护。围绕政府数据汇集管理，重庆于2018年机构整合成立重庆市大数据应用发展管理局，旨在促进大数据政用、民用、商用，推动产业数据分级、分类管理和商用。2020年4月，重庆“数据长城”西南地区行动计划整合80余家西南大数据龙头企业、高校及研究院所组建西南数据治理联盟，旨在加快构建政企数据融合创新机制和数据要素法制保障体系，推动形成西南地区统一的数据要素大市场。四川于2019年设立四川省大数据中心，承担全省政府数据、公共数据、社会数据汇聚整合、共享开放、应用融合等数据管理工作。社会层面，成渝地区部分大数据公司业务范围涉及网络信息安全保护。成都市部分涉及信息安全业务的企业情况见表6－3。

表6－3　成都市部分涉及信息安全业务的企业情况

名称	业务范围
卫士通信息产业股份有限公司	国内知名密码产品、网络安全产品、互联网安全运营、行业安全解决方案综合提供商，首批商密产品研发、生产、销售资质单位，首批涉密信息系统集成甲级资质单位，国内专业从事网络信息安全的上市公司，专注网络信息安全，致力打造从芯片到系统的全生命周期安全解决方案，为党政军用户、企业级用户和消费者提供专业自主的网络信息安全解决方案、产品和服务
亚信	业务领域已经由运营商市场拓展到金融、政府、医疗、电力等多个行业，核心技术自主可控，形成了大数据、网络安全、电信软件、运营服务等领域的核心竞争力。亚信网络安全产业技术研究院包含国际一流的云安全、大数据安全、工业互联网安全、网络空间平安城市4个实验室，并在国内首倡建立“网络空间平安城市”
迅鳐科技	依托大数据产业，交叉于信息安全，致力于价值数据市场基础规则设计、制定、建设，以提供高水平、定制化数据安全产品、解决方案为中心，服务于政务及企业数据开发、共享健康发展、决策可行性验证
崇信大数据	四川省首家国有独资大数据企业。立足于数据的归集沉淀、清洗规范、共享开放、交易应用、安全保障等方面服务，推进政务数据资源体系梳理、采集和入库工作
成都国科海博信息技术股份有限公司	拥有信息系统集成二级资质、软件能力成熟度集成模型CMMI L5、信息安全服务资质一级、信息技术服务运行维护二级。版权归作者所有，任何形式转载请联系作者。锁定装备制造信息化、交通智能化、政府信息化三大重点行业提供行业关键业务支撑系统解决方案

专栏6-1 《重庆市政务数据资源管理暂行办法》主要内容

一、适用范围

《重庆市政务数据资源管理暂行办法》（以下简称《暂行办法》）规定本市行政区域内政务数据资源的汇聚、共享、开放、应用及其相关管理活动，适用本办法，明确了政务数据资源是指本行政区域内的各政府部门以及法律法规授权的具有管理公共事务职能的组织在履职中制作、获取的，以一定形式记录、保存的各类数据资源。同时，《暂行办法》还明确了几种特殊情形：一是两江新区、万盛经开区等具有行政事务管理职能的市政府派出机构，按照《暂行办法》有关区县的规定执行；二是中央在渝直属机构、审判机关、检察机关、社会团体，以及供水供电供气等公共服务企业的数据资源可以参照本办法执行；三是规定在本市的外国人、无国籍人和港澳台地区居民适用本办法，法律法规另有规定的，从其规定；四是为了避免将政务数据开放与政府信息公开混淆，专门规定政府信息公开按照政府信息公开条例等法律法规执行，不适用本办法。

二、政务数据资源汇聚

《暂行办法》对数据汇聚全过程进行规定：一是规定市大数据发展局组织制定全市统一的政务数据汇聚规范，明确政务数据采集、整合等环节的标准和程序，解决政务数据资源标准不一、互认共享困难的问题；二是规定各部门按照责任清单采集数据，明确各部门采集数据的边界和范围，确保数据一数一源、一源多用；三是明确了部门数据资源池、基础数据库、主体数据库的建设主体和建设方式；四是对数据更新、校核、质量和传输管理等进行规范，确保政务数据真实、可靠、有效。

三、政务数据资源共享和开放应用

《暂行办法》对数据共享和开放应用进行了详细规定：一是明确了共享系统和开放系统的基本定位和建设要求，确定了市、区县（自治县）两级统一共享和市级统一开放的共享开放体系；二是对政务数据资源按照

共享和开放的不同属性进行了分类并提出不同的管理规范；三是对共享和开放政务数据的具体途径和程序进行了规定；四是对通过共享和开放获取的政务数据的法定效力进行了规定；五是明确支持和鼓励社会各界利用政务数据资源创新技术、产品和服务，充分挖掘政务数据资源价值。

四、政务数据资源安全和监督管理

《暂行办法》强化了数据安全管理和监督管理：一是按照不同责任主体强调了安全责任；二是对保密责任、网络安全责任、风险管理、应急处置等作出规定；三是建立了评估、考核评价、年度报告制度；四是明确了政务信息化建设项目的审批管理；五是强调了审计监督管理；六是对政务数据资源管理中的禁止行为进行了明确并规定了相应的法律责任。

（四）成渝地区积极推进大数据协同发展

川渝多次联手签订大数据发展合作协议，推动成渝地区双城经济圈大数据协同发展。一是着力推进数据治理协作及数字经济协同发展。万州、达州、开州三地签署万达开大数据区域协同创新发展合作框架协议，在提升数据治理协作能力、强化数字经济产业协作发展、推动数字经济技术协同创新三方面展开合作。二是以平台合作推动数据融合应用。雅安市政府与重庆市大数据发展局签署《大数据产业战略合作框架协议》，双方将开展中新（重庆）国际互联网数据专用通道合作，探索推动四川省川西大数据中心与重庆两江云计算中心、重庆（荣昌）生猪大数据中心等开展合作。同时，推动政务数据互联共享，加快跨区域政务数据、公共数据、社会数据融合和创新应用。三是力促大数据产业协同发展。四川省大数据中心和重庆市大数据应用发展管理局签署《深化川渝合作推动成渝地区双城经济圈大数据协同发展合作备忘录》，着力打通川渝大数据壁垒，促进两地大数据事业协同、健康、有序发展。

三、成渝地区双城经济圈数据要素市场一体化存在的问题

目前，成渝地区双城经济圈在数据交易平台建设方面仍较空白，数据标准不一、底数不清、权属定价不明等问题持续制约数据资源价值释放。

（一）数据要素互联互通程度不高

目前，成渝地区数据要素互联互通水平整体偏低，数据共享互用仍面临诸多难题。一是数据开放共享面临观念制约。目前，成渝地区部分政府部门及企业尚未树立数据开放共享的思维理念和大数据运用意识，或因对数据共享开放与安全保密程度把握不准，导致数据要素流通不畅，数据价值难以被有效挖掘利用。二是数据互通领域探索不够。成渝地区正积极探索推动市场主体信息、人社信息共享互认，在提升数据互联水平和办事效率方面取得一定成效，但在政务数据、国企数据、通讯数据、金融数据等领域的互联互通探索方面仍较滞后，一定程度制约川渝两地一体化发展。

（二）数据价值释放存在诸多困难

成渝地区大数据发展起步较晚，数据价值挖掘仍面临数据量大、权属不清等制约。一是数据底数不清。在数据管理方面，成渝地区以往只针对特定业务需求开展数据系统建设，庞杂的数据无序地分散在不同系统中，导致数据底数不清、掌握不全，对数据价值实现带来较大阻碍。二是数据缺乏确权定价标准。成渝地区在数据确权方面的探索仍不深入，尚未建立数据价值核算和估价体系，在数据共享交换以及数据价值开发应用方面形成较大制约。三是数据交易缺乏公共平台。周边贵州已建立起贵阳大数据交易所，成渝地区均未建立数据交易平台，且受气候条件、电价优势不明显等因素影响，成渝地区尤其是重庆建设数据交易平台的难度较大，交易平台的缺失进一步制约数据资源价值的开发和应用。

（三）数据保护协同机制尚未建立

在进行市场化配置时，区别于传统要素资源，数据要素虚拟化特性使之

更易泄露，数据安全和隐私保护的要求日益提高，但目前成渝地区数据保护缺乏协同，进一步制约数据要素安全有序流动。一是数据安全保护法律法规仍不健全。目前，成渝地区围绕个人信息保护、数据安全管理、数据跨区域流动安全审查等设立的基础性法律法规仍不完善，数据安全制度保障不足。二是数据协同保护机制仍未形成。成渝地区在数据泄露、窃取、匿名化等方面数据防护技术较为落后，且未形成数据安全协同保护机制，较大程度制约数据价值释放。三是缺乏专业的数据安全评估。数据安全保护涉及的技术细节专业性强、难度较高，由于缺乏统一的测评标准和专业力量，成渝地区数据安全评估难以开展。

四、推动成渝地区双城经济圈数据要素市场一体化的重点任务

着力推动成渝地区双城经济圈政务数据跨区域开放共享，加快培育数据要素市场，充分挖掘社会数据资源价值，完善数据确权定价机制，加强数据资源整合与安全保护，促进数据高效有序流动以及资源价值提升。

（一）构建统一数据开放共享标准

探索建设成渝地区双城经济圈数据共享清单，统一数据标准，推动数据共享平台全方位对接。一是推动成渝地区数据标准化、清单化、集成化管理。统筹推进成渝地区双城经济圈各级政府数据开放共享和跨区域数据流动清单化管理，构建成渝地区政务数据资源目录体系，统一数据字段标准，加强政府数据归集，促进数据资源开放和安全自由流动。建立健全公共数据跨区域开放制度，基于数据资源目录体系制定各地区、各部门数据开放目录，明确具体数据开放计划，通过数据开放平台，逐步向成渝地区开放原始性、可机器读取、可供社会化再利用、安全可控的数据集。鼓励社会、企业积极参与数据采集，对政务、物联网和互联网等不同来源的数据资源，建立行政收集、网络搜集、有偿购买、无偿捐赠、传感采集等多种方式并存的数据资源采集机制，不断丰富和汇集数据资源。二是推动数据资源体系架构对接统一。按

照“统一建设、共享使用”的集约化建设模式，整合成渝地区现有电子政务基础资源和基础数据库，有序推进和建设成渝地区统一的政务数据资源开放共享平台，完善成渝地区数据资源体系总体架构、资源目录、标准规范和交换共享规则，推动形成“目录清晰、层次分明、标准统一、融合汇集”的数据资源体系。制定覆盖元数据格式、数据编目、数据交换、数据接口、数据采集、访问方式的基础数据采集、管理、共享、交易的标准规范和管理制度。建立基于数据链的数据导入接口规范、元数据管理、主数据管理、数据质量评价、敏感数据使用等标准。

（二）建立数据确权定价协同机制

数据确权定价是数据交易的前提。目前成渝地区在数据确权定价方面的探索仍不深入，亟须建立统一的数据要素确权体系，制定统一的数据定价标准和规范，明确数据的归属权限和价值，促进数据在有序流通中释放潜在价值。一是建设统一的数据要素登记确权体系。探索建立成渝地区双城经济圈数据要素登记确权体系，对各部门、企业和个人产生的原始数据、脱敏化数据、模型化数据和人工智能化数据的数据归属权限进行界定和流转要求管理，形成数据产生、运用、采集、存储、监测、收益、统计等各环节、全方位确权框架。围绕大数据应用和资产确权，发展大数据资产身份认证、保护产品和服务，推进数据资源资产化。二是制定统一的数据定价标准和规范。在遵循成渝地区市场规律的前提下，从区域协同发展角度出发，推动数据共享平台、数据中心、大数据企业等拥有一定数据资源的主体探索建立数据要素定价体系。同时，综合考虑数据的时效、种类、时间跨度和深度，建立收益定价和成本定价、一次定价与动态定价相结合的数据要素定价规则和定价标准，最终形成适用于成渝两地的市场化撮合交易定价方式与数据资产估值模型。

（三）搭建成渝地区大数据交易所

探索建立成渝地区双城经济圈大数据交易所，支持构建农业、工业、城市管理、金融、物流等多领域数据开发利用场景以丰富数据产品，促进数据资源价值提升和有序流动。一是探索建立成渝地区大数据交易所。健全数据要素市场体系，加大对成渝地区数据要素市场一体化主体的培育力度，借助中新项目和自贸区等开放平台，强化重庆国家级互联网骨干直联点功能，用好中新（重庆）国际互联网数据专用通道，推进国内外金融、物流等各类数据集成交易，建立面向全国乃至全球市场的大数据交易所。鼓励企业开展数据采集、数据清洗、数据交换、数据共享等商业模式创新，依托大数据交易所开展数据增值服务，支持拥有数据的机构、企业通过成渝地区大数据交易所进行数据资源的资产化运营。二是充分挖掘数据资源价值。培育数字经济新产业、新业态和新模式，推动建设数字信息技术基础设施，持续完善工业互联网、物联网和人工智能等新一代数字信息基础设施，推进数据资源整合和开放共享，支持构建成渝地区农业、工业、交通、教育、安防、城市管理、公共资源交易等领域规范化数据开发利用场景，挖掘提升数据资源价值，丰富数据产品。

（四）构建数据安全保护协同机制

协同推进成渝地区双城经济圈数据安全保护顶层设计，强化数据安全制度保障，建立跨区域数据流动规范和风险防控机制，推动数据安全技术能力建设，提升数据使用的规范性及安全性。一是探索构建成渝地区双城经济圈数据要素的安全保护法律法规。明确成渝地区数据在采集、使用、处理、交易和退出上的安全要求，着力提升数据保护能力和水平。对各类数据实行分级保护，依据数据敏感度及可用性，制定针对性安全保护策略。建立和完善数据安全管理规则、管理模式和管理流程，切实保障数据传输安全、数据存储安全、数据审计安全和数据利用安全。二是建立健全成渝两地数据跨区域流动规范以及风险防控机制。探索构建成渝地区数据跨境流动规范，切实提升跨区域数据流动风险防控能力。建立数据市场安全风险预警协同机制，全方位提升成渝地区双城经济圈数据安全事件应急解决能力。三是强化数据安全技术能力建设。推动各级政府及企业运用 AI 等先进技术提高数据安全保护技术水平，在成渝两地建立统一高效、协同联动的网络安全管理体系，设定数据分级保护和数据安全管理原则，增强数据资源使用的规范性和安全性。

参考文献

[1]陈坤秋,龙花楼. 中国土地市场对城乡融合发展的影响[J]. 自然资源学报,2019,34(2).

[2]戴垠澍. 城乡建设用地市场一体化对区域土地利用变化原影响机理研究[D]. 南京大学,2019.

[3]董正英. 技术交易、中介与中国技术市场发展[D]. 复旦大学,2003.

[4]韩帅帅,孙斌栋. 中国劳动力市场分割的时空演化[J]. 人口与经济,2019(2):92 - 104.

[5]何玉长,王伟. 数据要素市场化的理论阐释[J]. 当代经济研究,2021(4):33 - 44.

[6]李丽萍,王秦俊,宋可. 农村集体经营性建设用地入市研究——以山西省泽州县为例[J]. 江西农业学报,2018(5):30.

[7]梁泳梅,李钢,董敏杰. 劳动力资源与经济发展的区域错配[J]. 中国人口科学,2011(5):36 - 48.

[8]刘昊,祝志勇. 成渝地区双城经济圈劳动力市场一体化及其影响因素研究[J]. 软科学,2020(10):34.

[9]马恩朴,蔡建明,林静,等. 远程耦合视角下的土地利用/覆被变化解释[J]. 地理学报,2019,74(3):421 - 431.

[10]马育军,黄贤金,肖思思,等. 基于 DEA 模型的区域生态环境建设绩效评价——以江苏省苏州市为例[J]. 长江流域资源与环境,2007(6):769 - 773.

[11]马志春．探索数据产权交易　建设数据要素市场[J]．产权导刊，2020(12):39-42.

[12]鲍英善，朱方伟．强化我国产业投资金融支持的对策研究[J]．经济纵横，2017(9):69-74.

[13]钱忠好，牟燕．中国土地市场化水平：测度及分析[J]．管理世界，2012(7):67-75.

[14]全国科学技术名词审定委员会．管理科学技术名词[M]．北京：科学出版社，2016.

[15]沈阳市职业教育与成人教育研究室．就业与创业指导[M]．沈阳：沈阳出版社，2006.

[16]王斌．国内要素市场的发展现状、特点与趋势分析[J]．中国物价，2013(11):7-13.

[17]王谦，付晓东．数据要素赋能经济增长机制探究[J]．上海经济研究，2021(4):55-66.

[18]王伟玲．提升数据治理能力撬动数据要素市场[N]．中国信息化周报，2021-04-19(013).

[19]王颂吉，李怡璇，高伊凡．数据要素的产权界定与收入分配机制[J]．福建论坛：人文社会科学版，2020(12):138-145.

[20]王海南，崔长彬．财政分权与中国省际劳动力市场一体化——基于时空地理加权回归模型的实证检验[J]．经济问题，2021(5):55-62.

[21]魏玲玲，赵丽君．京津冀劳动力市场一体化实现路径探析[J]．河北学刊，2011(3):153-159.

[22]吴洁，张云．要素市场化配置视域下数据要素交易平台发展研究[J]．征信，2021(1):39.

[23]武晨静．京津冀劳动力市场一体化研究[D]．河北大学，2016.

[24]杨月兰．经济一体化背景下长三角土地市场一体化研究[D]．南京农业大学，2008.

[25]袁森柱．长江经济带劳动市场一体化研究[J]．经济研究导刊,2017(12):40－41＋55.

[26]曾铮,王磊．数据要素市场基础性制度:突出问题与构建思路[J]．宏观经济研究,2021(3):85－101.

[27]詹海斌．长江三角洲区域城市土地市场一体化研究[D]．南京农业大学,2011.

[28]赵金丽,张学波,宋金平．京津冀劳动力市场一体化评价及影响因素[J]．经济地理,2017(5):37.

[29]赵雲泰,黄贤金,钟太洋,等．中国土地市场化测度方法与实证研究[J]．资源科学,2012(7):34.

[30]张燕．长江经济带土地市场分异特征及一体化可行性研究[D]．中国矿业大学,2016.

[31]朱莉莉.新常态下京津冀人力资源市场一体化评估指标体系构建研究[J].当代经济管理,2018,40(4):80－85.